Walter Wanner

Erzählen kann jeder

Zauber des Erzählens
Technik des Erzählens
Erzählbeispiele mit Auswertung

BRUNNEN

VERLAG GIESSEN

ABCteam-Bücher erscheinen in folgenden Verlagen:
Aussaat Verlag Neukirchen-Vluyn
R. Brockhaus Verlag Wuppertal
Brunnen Verlag Gießen und Basel
Christliches Verlagshaus Stuttgart
(und Evangelischer Missionsverlag)
Oncken Verlag Wuppertal und Kassel

Deutsche Bibliothek – CIP-Einheitsaufnahme

Wanner, Walter:
Erzählen kann jeder : Zauber des Erzählens ;
Technik des Erzählens ; Erzählbeispiele mit Auswertung /
Walter Wanner. – 4., durchges. und erw. Aufl. –
Giessen ; Basel : Brunnen-Verlag, 1994
(ABC-Team ; 2852 : Werkbücher)
ISBN 7655-2852-8
NE: GT

4., durchgesehene und erweiterte Auflage 1994
© 1982/1994 Brunnen Verlag Gießen
Umschlagfoto: AV Medienteam; R. Horn
Umschlaggestaltung: Friedhelm Grabowski
Satz: Typostudio Rücker & Schmidt, Langgöns
Herstellung: St.-Johannis-Druckerei, Lahr
ISBN 3-7655-2852-8

Inhalt

Erzählen kann jeder

Wer es nicht schon von Natur aus mitbringt, kann es auf jeden Fall lernen.

Auch ich habe das Erzählen gelernt. Meine „schwere Zunge" hat es mir bestimmt nicht leicht gemacht, und das Gehemmtsein, das der Jugendliche bekanntlich aus der Reifezeit mitbringt, mußte zusätzlich überwunden werden. Überdies galt ich als introvertiert, d.h. durch ein starkes Insichgekehrtsein nicht gerade kontaktfreudig. Alles in allem wahrlich kein guter Nährboden für das Meisterwerk des Erzählens. Und doch benötigte ich dieses Handwerk ganz dringend. Ich leitete nämlich bereits als Jugendlicher eine Jungschargruppe, die mich ständig herausforderte.

Die anspruchsvollen Burschen schlugen des öfteren sozusagen wie Mose mit dem Stab gegen den Felsen und provozierten damit das Hervorsprudeln des frischen Quellwassers, gemeint: das anschauliche, packende Erzählen.

Meine ersten Versuche verliefen kläglich. Die Zuhörer schliefen einfach ein. Die Mißerfolge aber wirkten als Verstärker wie die Schläge gegen den Fels. Nach und nach wurde mein Erzählen besser, es kam an.

Zunächst erzählte ich Selbsterlebtes. Dabei spüre ich, wie die Zuhörer mitgingen und sich in das Erzählte hineinversetzten. Von da an lief alles besser.

Ich selbst sah die erzählten Ereignisse bald wie einen Film vor mir ablaufen. Vorgänge, die der aktiven und passiven Vorstellungskraft, der Imagination entsprechen.

Die beteiligten Augen der Zuhörer spiegelten das Erzählte wider. Man konnte an ihnen ablesen, ob und wie stark die Phantasie angeregt worden war. Und dadurch entstand eine ausgezeichnete Wechselwirkung, die meine Erzählkunst von Mal zu Mal steigerte.

Mit den zunehmenden Erfolgen gewann ich immer mehr Freude am Erzählen – und schließlich wurde es mein „Metier". Unzählige sind inzwischen durch diese Schule gegangen und haben in Jugendarbeit und Unterricht Profil gewonnen.

Wer erzählt, verhilft unserer leider so phantasiearmen und oft seelisch verkümmerten Jugend zur Erlebnisfähigkeit. Er gewinnt aber auch selbst und bereichert sein Leben.

Walter Wanner

Vorwort zur 4. Auflage

Vermehrtes Nachfragen nach diesem Trainingsbuch für anschauliches Erzählen führte zu einer vierten, veränderten und erweiterten Auflage. Dabei ist ein weiterer Schwerpunkt auf das Erzählen biblischer Geschichten gelegt worden. Vier Erzählungen sind neu hinzugekommen.

Die erzieherische Situation in der Kinder- und Jugendarbeit, aber auch innerhalb der Familie und im Schulbereich ist schwieriger geworden. Pädagogen und Psychologen weisen auf den zunehmenden Verlust der spirituellen Dimension hin. Es findet seit langem nicht nur ein Wertewandel statt, sondern wir haben es mit einem ausgesprochenen Defizit der Grundwerte zu tun. Man beklagt den totalen Einfluß der Medien, die destruktive Wirkung der Computer- und Videospiele, die Kinder und Jugendliche in die Isolation führt, Gefühlsverarmung, Aggressivität, vor allem Brutalität fördert und zur Verhaltensnorm werden läßt.

Jedoch – was wird dem entgegengesetzt? Man entdeckt zwar neu die *heilende Funktion* des Erzählens. Aber wo sind die Erzähler? Man spricht von der so notwendigen positiven Beeinflussung der Heranwachsenden in Kinder- und Jugendgruppen, in denen normative Werte, Lebenssinn und Verhaltensregeln vermittelt und eingeübt werden. Wo gibt es sie noch?

Der Raum der Gemeinde ist kleiner geworden, viele Familien brechen auseinander. Wahrhaftig kein günstiger Background für das Erzählen. Dennoch: Es ist noch nicht zu spät. Wir können noch gegensteuern.

Walter Wanner

9

1. Zauber des Erzählens

Wenn ein Ärzteteam alarmiert wird ...

Versetzen wir uns in eine Jungschargruppe an einem frühen Winternachmittag. Nach dem tobenden Spiel – es war wohl wieder Rugby – wurde gesungen. Und dann – schon dämmerte es – kam die Kerze auf den Tisch. Damit war das Erzählen angekündigt.

Die Geschichte paßte in das übliche Schema, nur das Engagement des Erzählers hatte sich beträchtlich gesteigert. Er stand während des Erzählens auf, ging umher, saß wieder und wurde leiser. Dann erhob er sich, ließ die Arme zu entsprechenden Sätzen kreisen, stieß Schreie aus oder sah plötzlich starr auf einen imaginären Punkt – kurzum, die Szenerie wechselte ständig.

Nach einer längeren geruhsamen Partie, die aber die Spannung ungemein erhöhte, kam der alles erschütternde Schrei und darauf das kaum verständliche Flüstern: „Da ... die Hand ... die Hand ... die gelbe Hand ... – sie kam näher und näher ..."

Es folgte nochmals ein schauerlicher Schrei, und etwas leiser erzählt ging die Geschichte weiter.

Der Erzähler wurde leiser und noch leiser. Da – als ob das Haus zusammenfallen würde –, drangen stampfende, krachende Geräusche immer näher zum Jungscharraum vor. Nun waren sie bereits im Treppenflur, kamen immer näher – jetzt über die Holzstiege herauf vor die Tür ...

Die Jungscharler starrten den Erzähler entgeistert an, blickten dann voller Entsetzen zur Treppe, verhielten den Atem – denn was jetzt kam, hätte niemand erwartet. Das unheimliche Krachen und Rumpeln brach urplötzlich ab, die Tür wurde aufgerissen – und im Rahmen erschien eine weiße Gestalt mit purpurrotem Gesicht.

Wie gebannt starrten die Jugendlichen auf diese gespenstische Erscheinung. Was war das? – Was geschah hier? War der Spuk bestellt worden?

Die weiße Gestalt tappte noch einige Schritte näher in den Raum hinein. Gleich hinter ihr, ebenfalls durch die Tür drängend – mit hervorquellenden Augen und ausgestreckten Armen –, trat eine weitere weiße Gestalt ein. Dahinter war wieder das Rumpeln und Stampfen zu hören. Ein weiteres Kommando rückte über die Stiege heran.

Die Jungscharler hielten sich an den Stühlen fest, einige rutschten in den Hintergrund, andere versuchten instinktiv, in Deckung zu gehen.

Doch auch die Eindringlinge standen wie zur Salzsäule erstarrt und blickten unsicher im Zimmer umher.

Die eiserne Starre, die über dem Geschehen lag, löste sich Sekunden später, als den meisten der Beteiligten klar wurde, daß es sich hier wohl um die Rettungssanitäter aus dem nahegelegenen Krankenhaus handeln mußte. Der Notarzt und die Sanitäter waren wohl der Meinung, daß sich hier im Raum etwas Schreckliches abspiele.

Der atemlosen Stille folgte eine Lachsalve, die nicht aufhören wollte. Auch der letzte Spätentwickler hatte inzwischen begriffen, daß da Arzt und Helfer falsch alarmiert worden waren. Um einer bloßen Jungschargeschichte willen waren sie in das Heim gestürzt und hatten damit für die dramatische Zuspitzung und für die durch nichts mehr zu überbietende Sensation gesorgt.

Der Erzähler entschuldigte sich und bot den Herren etwas zu trinken an, damit sie sich besser von ihrem eigenen Schrecken erholen sollten. Doch das Team dankte lächelnd und zog fröhlich ab. Es war an diesem trüben Novembernachmittag nun doch kein Einsatz nötig.

Die Erzählung war hiermit unterbrochen und wurde an diesem Nachmittag auch nicht wieder aufgenommen. Dieser „Schock" mußte erst mal verarbeitet werden.

Der Erzähler war fernerhin nun allerdings darauf bedacht, daß beim Erzählen die Fenster geschlossen blieben.

Wenn die Taschenlampe in die Suppe fällt ...

Das Thema war schon in Ettlingen, am Rande des Schwarzwaldes, ausgegeben worden. Und so studierten die verschiedenen Fahrtgruppen bei der ersten Rast in Herrenalb die Bibeltexte und tauschten sich darüber aus. Der frühe Abend vor der einsamen Hütte im Stillwassertal brachte eine ausgiebige Bibelarbeit über die Ergebnisse, Impulse und Fragen, die unterwegs erarbeitet und gewonnen worden waren.

Nun brach die Nacht herein. Die Mannschaft versammelte sich in Decken gehüllt um das Feuer. Alles war in gespannter Erwartung, doch das gewisse Etwas ließ immer noch auf sich warten. Was war wohl fällig? Natürlich das Erzählen. Selbst die 16- und 17jährigen warteten gespannt darauf.

Und dann wurde ein Lebensbild dargestellt: Toyohiko Kagawa, das ungewöhnliche Leben eines Christen in Japan – packend, voller unerwarteter Handlungen, Ereignisse, Konsequenzen. Dieses Leben schlug alle in seinen Bann. Und das Darstellen fesselte die meisten derart, daß sie sich und die Umgebung völlig vergaßen.

Es war ein Erlebnis der Gleichzeitigkeit, so als ob Kagawa selbst ans Feuer getreten sei.

Und nun geschah das Verrückte: Einer hatte sich im Hintergrund an einem großen Suppentopf zu schaffen gemacht. Er wollte nachsehen, ob die Suppe schon am Kochen wäre.

Da, bei einem Höhepunkt des Erzählens – Kagawa wurde soeben in einem Armenviertel Tokios überfallen –, ertönte der dazu passende Schrei. Doch er kam nicht von den Lippen des Erzählers, sondern aus dem Dunkel des Hintergrundes. Dem Suppenbetreuer war gerade im spannendsten Augenblick die brennende Taschenlampe in den riesigen Topf gefallen. Er hatte wohl zu sehr dem Erzählen gelauscht.

Die Geschichte war nun einmal unterbrochen, da war nichts zu machen. Geschickte Hände fischten die Lampe wieder aus der Suppe heraus, und – sie brannte noch, allerdings mit einem etwas gelblicheren Leuchten, wie einige meinten. Nach dem Erzählen schmeckte die „erleuchtete" Suppe trotzdem noch ganz vorzüglich. Das Ereignis aber blieb unvergessen.

Wenn es regnet wie bei der Sintflut ...

Es regnete nahezu ununterbrochen – und dies drei volle Tage lang. Einige kurze Exkursionen wurden deshalb nachts durchgeführt, wo manchmal für wenige Augenblicke der fahle Mond durch die jagenden Wolken schien.

Am Tage aber gab es immer nur dasselbe: Regen, Regen, Regen. Und wo geschah dies? Nicht etwa in Irland oder etwa in den Ländern mit den ausgiebigen Monsunregenfällen, sondern hoch über der Oberrheinebene in der Nähe des bekannten Mummelsees, jener Wetterecke, die es in sich hat.

Die Wolken hingen tief, Nebel zog um das alte Landhaus und hüllte alles ein. Was hätten etwa achtzig Jungen im Alter zwischen 13 und 18 – auf engem Raum zusammengedrängt – tun können? Resignieren? Gammeln oder blödeln? – Keineswegs, das wäre als der totale Bankrott angesehen worden.

Nun – es kam soviel Kreativität zum Vorschein, daß überhaupt keine Langeweile aufkommen konnte. Eine bunte Palette von vielfältigen Veranstaltungen füllte die Tage und die Abendstunden aus. Ideen wurden geboren, Experimente gewagt, Begabungen übertragen, Talente gefunden, Erfolge und Mißerfolge diskutiert – eine tolle Sache.

Doch die Höhepunkte lagen – abgesehen von der biblischen Besinnung – eindeutig beim Erzählen.

Dann lagen die Kids bequem auf ihren Decken irgendwo am Boden oder saßen auf Kisten und Fensterbrettern und hörten zu. Stundenlang.

Die Zeit verging wie sonst nie. Noch nicht einmal die Hungrigen meldeten sich rechtzeitig. Man lauschte und versank in das Erzählte, in Situationen, Ereignisse und Personen, die lebendig geschildert wurden.

Waren die Zuhörer jenseits von Raum und Zeit? Man hätte es annehmen können, denn niemand sah auf die Uhr, kaum einem war der große Regen noch bewußt. Alles war unterwegs in seiner Phantasie, auf dem großen Flug der Gedanken, Bilder, Erinnerungen und mit den eigenen Hoffnungen, Sehnsüchten und einer Vielfalt von anderen Empfindungen und Gefühlen.

Als dann die Düfte aus der Kellertiefe des Bauernhauses schon die Nähe zum Verbrannten ahnen ließen, wurden einige der Fensterbretthocker etwas unruhig. Inzwischen war es längst nach 21 Uhr – und das Abendbrot wurde zum Nachtessen.

Wenn die Flagge verschwindet ...

An einem stillen, verwunschenen See, unweit von Herrenwies, lagen etwa zwanzig Mitarbeiter, also jene, die bereits eine Jugendgruppe leiteten oder auf dem Wege waren, Verantwortung zu übernehmen.

Ein herrlicher Tag lag hinter ihnen. Waldläuferpraktiken, Exkursionen, Gespräche, biblische Besinnung, Kochenlernen und was so alles auf dem Programm einer Jugendgruppe steht. Nun war es Abend geworden, die letzten Sonnenstrahlen verzauberten den See. Der Wind kräuselte das Wasser, ab und zu flitzten wendige Forellen dem rauschenden Bach zu. Leises Rauschen in den Wipfeln begleitete die Bewegungen wie eine dazugehörende Musik.

Die Gruppe saß am See. Das Gespräch ging – wie so oft – ins Erzählen über. Was paßte besser in diese Situation als das ruhige, entspannte Lauschen? Fahrtenerlebnisse, Höhepunkte in der Jugendarbeit, Erfahrungen mit anderen Menschen und eigene

Erlebnisse wurden ausgetauscht. Und dann gipfelte das Erzählen in der faszinierenden Geschichte „Die Augen des ewigen Bruders" von Stefan Zweig.

Der hohe Tannenwald wurde zur Kulisse, von den steilen Hängen am Seekopf kamen die hallenden Echorufe, ab und zu gluckste es im Wasser, der Abendwind rauschte in den Bäumen. Welch eine Szenerie des Erzählens!

Rufe verloren sich in der Weite, manche Worte kamen hallend zurück – je nachdem, in welche Richtung sie geworfen wurden, dann wieder standen ganze Sätze wie gemeißelt im Raum, unheimlich nahe. Man hätte Lyrik vortragen können oder auch Sprechchöre einsetzen mögen. Es war phantastisch!

Und so hörte die Gruppe zu – und bemerkte nicht, wie sich fremde Gesellen heranschlichen. Diese hätten zwar sehr gut in die Szene hineingepaßt, doch sie waren natürlich nicht bestellt worden.

Alle waren so sehr gebannt und in die Geschichte hineinversetzt, daß keiner merkte, wie hoch droben über den Köpfen vom Signalmast die Flagge abgebaut wurde.

Eine unmögliche Sache: Keiner blickte auch nur für einen Augenblick über sich oder neben sich, obwohl das Aufpassen auf die Utensilien und besonders auf die Gruppenflagge als Ehrensache galt. Und nun dies!

Als es lange später endlich einer merkte, glaubten zunächst alle an einen faulen Trick – und jeder verdächtigte jeden. Doch zu Unrecht. Eine fremde Gruppe hatte das Signum der Gruppe entführt. Oben am Mast fand man einen entsprechenden Zettel.

Und nun gab es eine wilde Jagd durch Täler und Wälder, über Felsen und steile Hänge, durch Bäche und wilden Verhau – bis jenseits der Badener-Höhe die fremde Gruppe aufgespürt wurde.

Erst am frühen Morgen kam die Gruppe müde zurück. Die Flagge war wieder in ihrem Besitz. Doch das Kopfschütteln hörte so rasch nicht auf. Wie war es doch möglich, daß die Fahne direkt über den Köpfen weggeholt werden konnte?

Das Erzählen war eindeutig schuld.

Wenn die Gemüter erhitzt sind …

Da war am späten Nachmittag ein Trupp aufgebrochen, um in dem fast alpinen Sasbachtal bei Raumünzach Spuren für eine „Lichtjagd" zu legen. Am Abend sollte dann die „Hatz" beginnen.

Das Jagen nach dem roten Licht, das jeden narrte, machte großen Spaß. Plötzlich tauchte es ganz nahe auf, verschwand dann ebenso plötzlich wieder, blinkte von der gegenüberliegenden Seite des Tales, schimmerte im Bachgrund – oder verschwand hinter Felsen, um oberhalb der Felsengruppe wieder zu leuchten.

Viele Stunden schon dauerte diese Jagd. Verschiedene Kleingruppen versuchten, den Lichtträger einzufangen, bis man herausfand, daß es drei waren, die alle mit der selben Farbe operierten. Nach der Spielregel war dies allerdings nicht erlaubt, doch nun war es geschehen.

Lange Diskussionen hielten die Teilnehmer in Atem. Auch in dem alten Bauernhaus ging das Gespräch weiter, lebendig, aber ganz schön kontrovers.

Doch dann am alten Kachelofen beim Kerzenschein, da lösten sich die Fronten auf, und die Freundschaft feierte wieder einmal ihre große Stunde. Beim Kastanienessen erholte man sich von den Anstrengungen des wilden Spiels durch Täler und über Höhen; der Augenblick für das Erzählen war gekommen. Man rückte noch näher zusammen, packte sich in die warmen Decken und machte es sich bequem.

Singen – erzählen – singen, der Abend wollte kein Ende nehmen. Fast jeder versuchte sich im eigenen Erzählen, und die anderen, die gerade zuhörten, sparten nicht mit Beifall. Ach, man hätte die Nacht hindurch erzählen mögen! Doch am Morgen wartete ein neues Programm.

In dem Maße, wie mich eine Geschichte selbst packt,
berührt, begeistert, belustigt, mitreißt –
in dem Maße kann ich sie erzählen oder nicht erzählen.
Rudi Hoffahrt

17

Wenn der Jugendkreis in einer Küche haust ...

„Bitte, in einer Küche?" Der neue Pastor einer Kirche in Berlin-Kreuzberg diskutierte mit den Verantwortlichen einer Mädchen-gruppe.

„Ja, in der zweiten Küche!" verbesserte sich die Leiterin. Das kannte der Pastor nicht: Jugendarbeit in der Küche? Nun, er ließ sich einladen – und war mehr als überrascht, ja geradezu fasziniert.

In der für Altbauten Berlins typischen zweiten Küche, einem kleineren Raum oberhalb der großen Wohnküche, traf sich der Mädchenclub.

Sie hatten – wie üblich – Raumprobleme gehabt. Anke lag ihren Eltern so lange in den Ohren, bis sie nachgaben und ihre zweite Küche zur Verfügung stellten.

Zu diesem „Schwalbennest" – wie die Gruppe ihr Heim nannte –, mußte man mit einer Leiter hinaufsteigen. Ein seltsamer Gruppen-raum! Und doch wurde das „Schwalbennest" zu einem romanti-schen Raum, den man nur ungern verließ. Da gab es finnische See-landschaften auf der einen Wandseite, und gegenüber dann südli-che Impressionen – und über den Köpfen an der Decke saßen Schwalben auf den Drähten. Der Boden dieses fensterlosen Rau-mes war kunstvoll ausgelegt. Die eine Ecke zierte das Mittelstück einer Kiefer, in der Mitte schwankte eine tiefhängende Lampe – und darum saßen die Mädchen nach japanischer Sitte.

Der Pastor versäumte – wenn immer es ging – keine Stunde, in der dort oben im „Schwalbennest" erzählt wurde. Überhaupt das Erzählen – es stand im Mittelpunkt bei dieser Mädchengruppe. Geschichten aus allen Ländern, klassische Erzählungen, tolle Eigenerlebnisse wurden kunstvoll dargeboten. Die Gruppe wurde dadurch bekannt. Sie beteiligte sich am Wettbewerb fürs Erzählen und erhielt so manche Auszeichnung.

Das Leben besteht nicht aus blassen Gedanken,
sondern aus Geschichten!

Wilhelm Busch

Wenn man anderen eine Freude machen will ...

Man muß ja nicht nur zur eigenen Erbauung erzählen. Die Berliner Gruppen übten sich mit Wetteifer im Erzählen und zogen mit ihren Geschichten von einem Flüchtlingslager zum anderen.

Die Stimmung in den Lagern war besonders um die Weihnachtszeit bedrückend und traurig. Doch dies blieb nicht lange so. Nach dem Kaffeetrinken wurde erzählt.

Die Alten und Jungen rückten zusammen, die Kinder kauerten unten am Tisch, auf dem die Gruppe Platz genommen hatte. Man mußte schon hoch auf dem Tisch stehen, um die große Zahl der Flüchtlinge überblicken zu können. Der Augenkontakt war hier ganz besonders wichtig.

Die Erzählung von E.E. Dwinger: „Flucht aus Sibirien" traf genau die Situation der Menschen in diesem Lager. Dazu war Weihnachten nicht mehr fern.

Da schleppten sich die halberfrorenen, ausgemergelten Männer auf den ersten Bahnhof zu, der am Rande der Taiga irgendwo versteckt, vom vielen Schnee überdeckt, kaum zu finden war. Das trübe, schwache Licht leuchtete aus dem überfüllten Warteraum, in dem die Menschen seit Tagen ausharrten und auf den Zug warteten, der nur einmal wöchentlich kam.

Diese Situation: Tag und Nacht eng gedrängt wartend, sitzend, stehend, frierend. Kindergeschrei und böse Worte hören. Hoffnungslosigkeit und stummes Leid erleben – überall, wohin man blickt. Und dann kommt jener Mensch, der die Flüchtenden erkennt – und sie dennoch nicht verrät, sondern ihnen Hoffnung gibt und ihnen weiterhilft ...

„Uns ist ein Mensch begegnet, ein Mensch – und Christus in ihm ...", sagt der eine zum anderen mit leuchtenden Augen.

Die Berliner Flüchtlinge atmen auf. Ja, sie haben sich alle wiedergefunden in dieser Geschichte – aber sie haben nun ebenso Hoffnung geschöpft und vielleicht noch mehr als dies. Noch lange diskutierten die Erzähler mit den Menschen im Lager. Das Erzählen hatte die Herzen geöffnet und die Menschen miteinander verbunden.

2. *Wo erzählen wir?*

Erzählen in der Kindergruppe (6–8 Jahre)

„Heute erzählen Sie doch wieder ...?!"

„Oh, ja, bitte eine tolle Geschichte!"

„So wie letztes Mal, das war Klasse! Ich habe in der Nacht davon geträumt ..."

„Am schönsten wäre es, wenn Sie gleich beginnen würden!"

„Ja, jetzt, bitte, bitte – jetzt gleich, bitte!"

So ähnlich bekommt es jeder Erzähler zu hören. Und vielleicht fühlt er sich dabei ein wenig geschmeichelt. Kinder mögen das Erzählen. Und noch mehr mögen sie die Bezugsperson, die sie in das Traumland hineinführt. Oder besser: Sie mögen den Erzählenden, der ihnen das Identifizieren mit den Gestalten in den Geschichten durch lebendiges Veranschaulichen und Mithineinnehmen in die Handlung ermöglicht.

Kinder sind erlebnishungrig. Sie möchten die Wirklichkeit der Umwelt, das, was sie umgibt, aber auch das Geheimnisvolle, das Dahinterliegende erleben. Das „Außen" ist noch nicht so total getrennt vom „Innen" wie bei den Jugendlichen und erst recht bei den Erwachsenen.

Alles, was erlebt, geschaut und geträumt wird, vergrößert das kleine Ich, weitet es aus, macht es reicher und tiefer, geheimnisvoller. Deshalb kann es durchaus vorkommen, daß Kinder lieber auf das Spielen und auf den Sport verzichten, nicht aber aufs Erzählen.

So ist Erzählen in der Kindergruppe ein echtes Hauptelement. Es kann und darf wirklich die „Mitte" der Kinderstunde ausmachen. Die Andacht oder die biblische Besinnung geschieht ja weitgehend in der Form des darstellenden Erzählens, vielleicht unterbrochen von Fragen und Antworten oder vom gemeinsamen Besprechen des Gehörten.

Selbstverständlich wünschen auch die Kleinen das lebendige Beschreiben und Schildern – und die dramatische Darstellung. Es muß aber keineswegs so sehr dramatisiert werden, wie das dann später in der älteren Jungschar geschieht. Man kann mit weniger Mitteln und mit geringeren Ausdrucksformen auskommen.

Beim Erzählen biblischer Geschichten ist sogar darauf zu achten, daß sie nicht zu stark dramatisiert werden. Die Kinderseele liebt das „Malen", das behutsame Darstellen und Schildern, das Verweilen bei Bildern und Personen.

Obwohl die „Lust-Angst" dazu dient, Angstsituationen zu meistern, sollten wir das zuhörende Kind nicht in der Angst belassen. Ebenso müssen aufgezeigte Probleme einer Lösung zugeführt und Dissonanzen aufgehoben werden.

Selbstverständlich darf das Verweilen nicht zur Langeweile führen oder zu eigenen Träumereien verleiten, die von der Erzählung wegführen. Der zügige Erzählstil – zwischen Betrachten und Verweilen – ist streckenweise angebracht.

Erzählbeispiel: „Niemals kann ich das vergessen" (Matth. 14,22-33), ohne Interview (> Seite 64).

Erzählen in der Jungschar (8-12 Jahre)

Wenn wir Jungen und Mädchen im Jungscharalter erzählen, geschieht dies mehrheitlich (wenn nicht nach ganzheitlichen Modellen gearbeitet wird) innerhalb eines umfangreichen Programms, das verändert werden kann, aber im wesentlichen doch folgendes Programmgerippe beinhaltet:

Sport und Spiel – Erzählen – Singen und Musizieren – Basteln – Planen – biblische Besinnung (Andacht).

Die Reihenfolge wird wechseln. Ein oder das andere Mal kann auch ein Programmpunkt ausfallen, damit ein anderer dann ausgiebiger zur Darstellung kommen kann. So verhält es sich auch mit dem Erzählen.

Da sind wir gerade mit dem vollen Schwung, den die Jungen oder die Mädchen vom Völkerballspiel mitbringen, in den Jungscharraum hineingestürmt. Alle sind erregt, die Gemütsbewegungen verlaufen heftig. Können wir jetzt erzählen? Kaum. Zunächst müssen wir für Entspannung und für Ruhe sorgen. Dann muß die Bereitschaft zum Zuhören geweckt werden. Wie – und wodurch?

Entspannen kann man durch Singen oder durch eine Diskussion über die Programmgestaltung für die nächsten Wochen erreichen. Es kann auch musiziert werden. Dann müssen aber alle beteiligt sein. Dies ist schwierig. Denkbar wäre eine Bildbetrachtung oder auch ein Entspannungsspiel (Lockerung).

Wenn die Erregung abgeklungen und das Interesse für den nächsten Programmpunkt nicht erloschen ist, sondern eher geweckt oder verstärkt werden konnte, kann man mit der biblischen Besinnung – oder eben mit dem Erzählen beginnen. Vielleicht hat eine Teilgruppe auch bereits den Tschaj (Tee) gekocht und wartet mit dem begehrten Gruppentrunk auf. Die Hauptgruppe kommt gerade von einer Dienstleistung oder einem Stadtspiel halbwegs müde zurück. – Dann lagert sich die ganze Horde um den Mittelpunkt des Raumes.

Dies kann ein abgesägter, niedriger Tisch sein, um den man nun liegt oder sitzt – oder ein Baumteil, der zurechtgemacht wurde. Man kann ganz einfach auch eine Kerze mitten in den Raum auf den Boden oder auf den Tisch stellen und anzünden.

Und schon kann die Reise ins Land der Phantasie angetreten werden. Als Auftakt zum Erzählen kann auch das Abdunkeln des Raumes dienen. Wenn die Fenster verdunkelt und die Lampe verhängt werden, gilt dies als Zeichen für äußerste Ruhe.

Auch das Einladen zum gemütlichen Sitzen oder Liegen im Kreis um die Kerze herum dient der Einstimmung für das Kommende.

Hat sich die Gruppe irgendwo im Gelände – vielleicht an einem

Waldsaum getroffen, so liegt oder sitzt man und sieht in die Landschaft hinein. Langsam neigt sich die Dämmerung über Hügel und Täler. Schon leuchten die ersten Lichter drunten im Dorf auf. Nun beginnt man mit dem Erzählen.

Beim Beschreiben bezieht der Erzähler in den Schauplatz des Geschehens womöglich die Landschaft ein, die vor ihm liegt. Da wird der Hügel gegenüber im letzten Schein der untergehenden Sonne zum Berg Tabor, zu dem soeben „Ziska, der Einäugige" mit seinen Mannen hinaufreitet. Oder die Sonne geht über dem verwunschenen See dort drüben auf wie in Hemingways Erzählung „Der alte Mann und das Meer". Vielleicht erinnert die Landschaft auch an die Höhen oberhalb des Galiläischen Meeres. Liegen dort drüben im Dunst nicht die Golan-Höhen? – Und sieht man da nicht die näherkommenden Jünger, die soeben an einer Weggabelung stehenbleiben und auf ihren Herrn warten, der weiter hinten mit einer Gruppe Menschen spricht?

Erzählbeispiele: „Die schwarze Hand gibt auf" (> Seite 102) und alle biblischen Erzählungen.

Erzählen im Teenagerkreis (13–16 Jahre)

Im „Club", oder wie immer Jugendliche zwischen 13 und 16 ihre Gruppe nennen, empfiehlt es sich weniger, eine besondere Heimrunde als Erzählstunde anzukündigen.

Teenager setzen sich bewußt von ihren Kindheitserlebnissen ab. Sie wollen schon durch das bloße Stichwort „Erzählen" nicht an die Stadien jener „Abhängigkeit" erinnert werden, aus denen sie sich gerade herauslösen. Sie sind auch viel zu sehr mit sich selbst beschäftigt, als daß sie starkes Interesse für das Geschehen um sie herum und für Erlebnisse und Erfahrungen anderer aufbringen könnten. Sie stehen sich selbst zu nahe und sind sich oft noch selbst im Wege, wenn sie „nach außen" gehen wollen. Vor allem wollen sie Vergangenes nicht in noch so schönen Formen und Beschreibungen vorgetragen bekommen. Sie leben stark im Jetzt und öffnen sich nur für die Diskussion ihrer tagesaktuellen Probleme. Das Vorher und Nachher ihres Lebens bedrängt sie nicht mehr oder noch nicht sehr stark.

Ausnahmen bestätigen die Regel, und diese sind dann gegeben, wenn es sich um die Interessen der Jugendkultur* handelt, die von den Meinungsmachern unter die Leute gebracht werden.

Gewiß gibt es genug Ansätze echter und leidenschaftlicher Auseinandersetzungen mit situativen Problemen, etwa mit dem Leid und der Ungerechtigkeit in der Welt, Friedensinitiativen und Überlebenschancen inmitten der globalen Bedrohungen.

Hier kann der Gruppenleiter mit seinen Erzählbeiträgen ansetzen. Für Erzählungen, die diese Inhalte illustrieren und aktualisieren, findet er Zuhörer und Mitnachdenkende.

Die Erzählungen „Was siehst du – Abraham?" und „Der Turm" (Seiten 82 und 117) können Jugendlichen und jungen Erwachsenen erzählt werden. Sie führen zu den sie bewegenden Problemen und treffen die Empfindungen und Gefühle der jungen Leute. Noch stärker gehen Schicksalsberichte aus Ländern der „Dritten Welt" oder auch Berichte aus der Gefangenenszene unter die Haut.

Für *psychologische Hintergründe* und Analysen, die Sachverhalte erklären, interessiert sich nur ein kleiner Teil der Jugendlichen. Die Psychologie kommt ihnen persönlich zu nahe. *Lebensbilder* sind ebenfalls weniger gefragt. Man muß sie schon sehr zeitnah, gegenwartsgerecht und zielgruppengemäß aufbereiten, damit sie angenommen werden.

Biblische Geschichten sind meist nur noch bei einigen Gruppenmitgliedern als bekannt vorauszusetzen.

Diese Erfahrung sollte uns dazu ermutigen, innerhalb der *Bibelarbeit* einzelne Abschnitte zu erzählen. Da wird alles plötzlich mit

* Gemeint ist *peer culture*. Altersspezifische Subkultur, in der eine von den Medien gesteuerte totale Anpassung und Ausrichtung an Gleichaltrigen stattfindet.

anderen Augen gesehen und dem Reifezustand gemäß auch anders aufgenommen.

Bei Jugendlichen ist es wichtig, daß biblische Berichte von einer ungewohnten Seite her dargestellt oder erschlossen werden. Wenn sich Jugendliche dieses Alters versammeln, dann sind sie voller Erwartung. Irgend etwas muß passieren. Und dann ist plötzlich das Erzählen doch erwünscht. So kann eine ausgewählte Kurzgeschichte das Thema des Abends einleiten oder das erzählte Beispiel die Bibelarbeit aktualisieren.

Bei Pastoren und Jugendevangelisten ist in diesem Zusammenhang derzeit sogar ein Trend zur „biblischen Erlebniserzählung" festzustellen, die kommentierend aktuell reinen Bibeltext auslegt und weniger problemorientiert arbeitet.

An Abenden in einer Hütte oder in einem gemütlichen Freizeitheim kommt lebendiges Erzählen immer besonders gut an. Da hört dann jeder zu. Hier kann man auch ohne weiteres biblische Texte durch Erzählen erschließen. Man denke nur an die spannenden Szenen der Apostelgeschichte.

Alles in allem ist bei Jugendlichen zu sagen: Erzählen muß im Programm vorkommen. Es erfolgt am besten spontan und der Situation entsprechend, ganz existentiell, wie es gerade paßt.

Für diese Altersgruppen bekommt das Erzählen noch weitere Perspektiven: Das Einüben in die Erzählkunst und damit die Freude an der eigenen Kreativität – und der Dienst an anderen mit dieser Gabe.

Beispiel: Während einer Freizeit werden besondere Höhepunkte des Erzählens geschaffen. In diesem Fall kündigt man einen besonderen Abend an, auf den sich alle vorbereiten. Verschiedene Erzähler teilen sich in bestimmte Abschnitte. Ein Teil der Erzählung wird im Dialog vorgetragen, ein zweiter aus dem Stegreif gespielt und ein dritter als Schattenspiel dargestellt.

Auch das Weiterspinnen einer Geschichte, die an einer bestimmten Stelle unterbrochen wurde, ist eine hervorragende Methode, die Phantasie anzuregen und sich im Erzählen zu üben.

Spaß macht ein Erzähl-Wettbewerb. An Regentagen oder auch beim Treff am Sonntagnachmittag im Jugendzentrum werden Erzählungen erarbeitet. Man sitzt gemeinsam am Text einer Geschichte oder eines Berichtes, streicht zusammen oder stellt den Text um, damit er lebendiger und dramatischer verläuft.

Eine Geschichte läßt sich total umkehren, von hinten aufzäumen oder durch Dialoge lebendiger machen.

Lautes Lesen und Einüben wichtiger Dialoge geschieht mit Kassettenrecordern oder Tonbandaufnahmen, die zur Überprüfung dienen. Am Abend trägt man dann die Erzählung vor oder läßt sie vom Band ablaufen.

Erzählbeispiele: „Was siehst du – Abraham?“ (1. Mose 19,27.28); (> Seite 82). „Einer ist verschwunden“ (Joh. 5,1–16); (> Seite 75); „Der Turm“ (> Seite 117); „Die entscheidende Stunde“ (> Seite 99); „Auf dem Prüfstand“ (> Seite 86).

Erzählen in der Familie

Mit dem Erzählen innerhalb der Familie sollte man früh anfangen, damit eine gewisse Gewöhnung eintritt. Am besten beginnt man bereits im *Kleinkindalter* (parallel zum Sprechenlernen des Kindes) mit kurzen, kindgemäßen Geschichten, die stark das Gefühl ansprechen.

Kinder nehmen wahr, daß beim Erzählen etwas Besonderes geschieht. Sie spüren das Interesse, das ihnen in der Zuwendung des Erzählers entgegengebracht wird.

Erzählt der Vater, dann nimmt sich auch die Mutter Zeit und hört zu. Oder umgekehrt: Erzählt die Mutter, dann legt der Vater die Zeitung weg; der Fernseher bleibt ausgeschaltet, und auch das Radiogerät ist stumm.

Diese *Familienveranstaltung* – mindestens einmal wöchentlich durchgeführt – wandelt sich mit dem zunehmenden Alter der Kinder. Später kann eine Familienkonferenz daraus werden. Oder sie bekommt den Charakter der „Stillen Zeit" im Familienkreis bzw. der Andacht mit anschließender Aussprachemöglichkeit.

Wurde die gute Sitte des *Erzählens vor dem Einschlafen* der Kinder einmal begonnen, entwickelt sich dieser Brauch bald zu einem Ritus, auf den Kinder nicht verzichten wollen. Biblische Geschichten oder typische Einschlaferzählungen können von den Eltern, aber auch von älteren Geschwistern vermittelt werden. Sehr gut eignen sich fortlaufende Erzählungen, auf die unsere Kinder brennend warten und die ihnen den abendlichen Abschied aus dem Familienkreis erleichtern.

Wichtig ist, daß bei den *Hausandachten* erzählt wird. Die gute alte Tradition des Erzählens hat hier ihren Sitz. Man kann auf diese Weise durch die ganze Bibel kommen. Bestimmte Texte werden ausgewählt, mehrmals gelesen und dann vorgetragen. Auch die Kinder können sich darin üben und gewinnen Freude daran, spannend, ausdrucksvoll und lebendig zu erzählen. Sie haben dann an solcher Andacht oder dem Familienabend, an denen das Erzählen oder auch das gemeinsame Spielen im Mittelpunkt steht, große Freude. Sie erleben ein besonderes Kreativitätstraining, das ihre Erlebnisfähigkeit verstärkt und sie im Umgang mit anderen Menschen und vor allem im sprachlichen Ausdruck fördert.

Erzählbeispiele: Es eignen sich alle Erzählungen dieses Buches jeweils für die entsprechende Altersstufe der Kinder und Jugendlichen.

Erzählen im Unterricht

Das Erzählen spielt im Deutsch- und Geschichtsunterricht, besonders aber im Fach Religion eine besondere Rolle. Der Lehrer leitet bekanntlich nicht nur das Unterrichtsgespräch, gibt Anweisungen für die Gruppenarbeit und das selbständige Arbeiten der Schüler, sondern er trägt auch vor und vermittelt dadurch wichtige Informationen. Wenn der Lehrer über gewisse Strecken der Unterrichtsstunde hinweg erzählt, verschwindet das Desinteresse; Langeweile und Müdigkeit sind verbannt und machen dem inneren Beteiligtsein Platz.

Der Erzählstil muß der Altersstufe der Schüler und ihrem durchschnittlichen Entwicklungsstand angemessen sein, sonst belustigt das Bemühen des Lehrers eher und provoziert zur Kritik. Man muß sich zuvor also genau überlegen, was man auswählt und wie man eine Erzählung, einen Abschnitt aus dem Geschichtsbuch, ein Beispiel oder gar ein eigenes Erlebnis darbietet. Beispiele zu Bibeltexten sind immer angebracht, wenn sie entsprechen. Wer geschichtliche Berichte und Situationen lebendig schildern kann, so daß die Schüler in das Geschehen mit hineingenommen werden, der darf damit rechnen, daß solchermaßen vermittelte Information tief ins Unterbewußte dringt und von dort auch wieder gut abgerufen werden kann.

Wichtige Daten und besondere Ereignisse können mit „Bildern" verbunden bzw. daran „aufgehängt" werden. Dadurch wird das Erinnern erleichtert.

Erzählbeispiele: „Niemals kann ich das vergessen" (> Seite 64); „Einer ist verschwunden" (> Seite 75); „So etwas hat es noch nie gegeben" (> Seite 69); „Was siehst du – Abraham?" (> Seite 82); „Der Turm" (> Seite 117).

Die Erzählung „Die schwarze Hand gibt auf" könnte z.B. als Belohnung fortlaufend jeweils in den letzten Minuten einer Unterrichtsstunde bei Kindern erzählt werden.

Erzählen bei besonderen Anlässen

Das erleben wir immer wieder: Der Wunsch nach Erzählen kommt in der vorweihnachtlichen Zeit und zum Christfest selbst in jedem Jahr wieder neu auf.

Advents- und Weihnachtsgeschichten sind sehr gefragt. Doch warum erzählen wir nicht auch während der übrigen Zeit des Jahres? Da gibt es immer wieder besondere Anlässe – nämlich die anderen Feiertage: die Karwoche, das Osterfest, aber auch „schwierige" Feiertage wie Himmelfahrt, das Pfingstfest oder der Ewigkeitssonntag.

Nutzen sollte man auch die Gemeindeausflüge. Man stelle sich vor: Die Gemeinde wandert durch Wiesen und Wälder auf eine Höhe hinauf. Dort versammelt sie sich. Wenn die Andacht bereits am Morgen stattgefunden hat, könnte am Nachmittag eine Erzählung oder ein darstellendes Spiel zu einer besonderen Besinnung aufrufen. Auch die Wanderungen am 1. Mai sollten in einem solchen Erzählen münden oder gipfeln. Bei sicheren Erzählern bieten sich sogar die Busfahrten auf Freizeiten oder Tagesausflügen an.

Wie oft kommt Unbehagen auf, wenn sich Gruppen wegen heftigen Regens in eine Hütte flüchten müssen und man nun die kostbare Zeit wartend dahingehen läßt, ohne sie zu nutzen!

Wäre es nicht denkbar, daß sogar überregionale Treffen ihren Höhepunkt in einem edlen Wettstreit des Singens und Erzählens finden könnten?

Und warum soll nicht auch die Predigt hin und wieder im Erzählstil verlaufen?

Die Predigt in Form einer Erzählung

Der Leiter des CVJM-Ostwerkes, Hermann Traub, oder der Jugendevangelist der sächsischen Landeskirche, Dr. Theo Lehmann, *erzählen* ihre Predigten. Ihre Erzählkunst nimmt alle mit in das Erleben hinein. Da schwitzt der Fischer Simon Petrus mitten im Sturm auf dem See Genezareth Blut und Wasser, und den Zuhörern scheint die Gischt schier um die Ohren zu spritzen. Hier meint man nicht nur dabeizusein, hier *ist* man mitten drin im biblischen Geschehen.

Beispiel: Eine Predigt über den Text Matthäus 17,1–9 bleibt unvergessen.

Der Prediger erzählt, und die Zuhörer „sehen": Jesus steigt bedächtig, nicht eilend, Schritt für Schritt mit Petrus, Jakobus und Johannes hinauf auf einen hohen Berg. Oftmals fällt ein Wort, dann wieder gehen sie stumm zwei und zwei nebeneinander. Ab und zu bleibt die Gruppe stehen und blickt hinab auf Hügel, Dörfer und Wege. Petrus geht nun voraus, während die anderen den Worten Jesu lauschen. Die Landschaft versinkt, der Gipfel kommt in Sicht. Jesus ist bewegt – und auch die Begleiter kommen in diese Erwartungshaltung hinein. Was wird geschehen? Was hat Jesus vor?

Mit Erschrecken und Staunen nehmen die Jünger die Veränderung wahr: Jesu Antlitz, die ganze Gestalt ist ihnen entrückt. Fremd wirkt er – und ist doch ganz nah. Ein Leuchten ist da – Licht – Glanz – Licht – und die Strahlen, die von Jesus ausgehen.

Und schon ist der Höhepunkt in dieser Predigt sichtbar: Jesus spricht mit Mose und Elia.

Der Predigtzuhörer erwartet nach dieser Beschreibung nun eigentlich den Abbruch der Erzählung und die dogmatische Vertiefung. Doch weit gefehlt! Der Prediger trägt erzählend einen pakkenden und ungeheuer zeitnahen Dialog zwischen Mose und Jesus vor. Es geht um „Gesetz und Evangelium", die ungeheure Spannung, die nur durch das „Es ist vollbracht" am Kreuz von Golgatha aufgehoben und zugleich erfüllt ist. Das Warum und Wozu der

Sendung Jesu wird im Dialog sichtbar und mitvollziehbar. Ebenso werden das „Damals" bei Mose und das „Jetzt" bei Jesus in seiner heilsgeschichtlichen Bedeutung aufgerollt.

In diesem Wagnis der deutenden Darstellung lag für den Zuhörer das Überraschende. Er konnte kritisch mitdenken, vergleichen, zustimmen, sich fragen – und bekam ständig neue Anregungen zum eigenen Weiterdenken.

Der Verlauf der Predigt war so interessant und spannend, daß man noch lange hätte zuhören und mitdenken mögen.

Es läßt sich freilich nicht jeder Text auf diese Weise aktualisieren. Dies ist auch nicht notwendig. Gewisse Strecken einer Predigt sollten aber im Erzählstil dargeboten werden. Das lockert auf und verhilft dazu, die Vertiefung beim Hineinhören in den Text mitzuvollziehen und die theologischen Gedankengänge besser aufnehmen zu können. Zeitgeschichtliche Informationen lassen sich gut erzählend vermitteln. Ebenso können Übertragungen in die Gegenwart und die spezielle Situation der Zuhörer durch erzählte Beispiele vorgenommen werden. Es lassen sich auch Rückblenden oder Übersichten über größere Abschnitte in der Bibel erzählend vermitteln. Warum wagen wir es nicht, mehr zu erzählen? Gerade im biblischen Bereich hat Erzählen eine große Tradition.

Erzählbeispiele: „Was siehst du – Abraham?" (1. Mose 19,27.28), (> Seite 82); „Einer ist verschwunden" (Johannes 5,1-16), (> Seite 75); „So etwas hat es noch nie gegeben" (Markus 2,1-12), (> 69); „Niemals kann ich das vergessen" (Matth. 14,22-33), (> Seite 64); „Die entscheidende Stunde" (Joh. 1,35-42), (> Seite 99); „Rebellion in der Wüste Sin" (2. Mose 16), (> Seite 91); „Auf dem Prüfstand" (Jona 4,5), (> Seite 86).

3. Warum erzählen wir? – Was bewirkt erzählen?

● Es ist heute von besonderer Wichtigkeit, daß die *Erlebnisfähigkeit* der Kinder geweckt, entfaltet und gesteigert wird.

● Erzählen bezieht die Kinder nicht nur in das Erleben ein, sondern es regt die Entfaltung der *Phantasie* an.

● Erzählen belebt und entfaltet die *seelischen Grundfunktionen:* Gefühl, Empfindung, Intuition und Verstand.

● Diese Grundfunktionen hängen zusammen mit der Fähigkeit zum meditativen Erkennen oder Denken. Beim Erzählen kommt es zu den Vorgängen der Verinnerlichung und des betrachtenden Verweilens.

● Beim Erzählen steigen beim Zuhörer *Bilder* auf. Es werden somit Kräfte der Loslösung geweckt. Dadurch werden die Bildkräfte im Unterbewußten frei und fließen der Phantasie und dem Bewußtsein zu.

● Beim Erzählen werden also Kontakte zum *Unterbewußten* hergestellt. Die „Tiefe" des Menschen kommt in Bewegung.

● Das Erzählen und Zuhören ermöglicht die *Identifikation* (Angleichung) mit den Gestalten, Ereignissen und den beschriebenen Situationen.

● Identifikation verhilft zur Identität. Zunächst geht es dem Jugendlichen um die Gewinnung eines Selbstbildes. Dazu braucht er Vorbilder und Leitbilder.

● Beim Erzählen und Zuhören wird die *Du-Beziehung*, die zwischenmenschliche Komponente, geweckt, verstärkt und entfaltet.

● Im emotionalen Bereich spielt der Abbau und die Kanalisierung der *Aggressionsenergien* eine große Rolle.

● Von großer Wichtigkeit sind die Vorgänge der *Übertragung* von Gefühlen und Stimmungen.

● Erzählen kann auch die Erschließung der Glaubensdimension ermöglichen, sofern es sich bei den Erzählungen um biblische Geschichten oder Erzählungen aus dem Glaubensbereich handelt.

● Erzählen setzt Vorgänge des Beobachtungslernens oder der Imitation (Nachahmung) in Gang. Dadurch kommt es zur Motivationsauslösung. Mit anderen Worten: Die Zuhörer, besonders Kinder und Jugendliche, werden dazu bewegt, Werte und Werthaltungen zu übernehmen oder Vorgänge nachzuahmen, also zu experimentieren und zu probieren.

● Erzählen bedeutet Bilder hervorbringen und Eigenstes in sie hineinsehen, hineinbilden. Der Zuhörer wird „ins Bild gesetzt".

Das Kind ist besonders bildungsfähig. Es ist „einbildungskräftig", und die schon vorhandene Einbildungskraft kann durch das „Reden in Bildern" noch verstärkt werden. Dadurch wird die Fähigkeit zum Erleben entbunden und verstärkt.

„Der Mensch ist offen für die ihm ununterbrochen zuströmenden Bilder. Bilder schauen, in Bildern denken und sprechen, Bilder anzielen und hervorbringen, der Bilder innewerden, innesein und sich in sie hineinbilden – das ist Leben!" (G.K. Kaltenbrunner).

Es ist dabei allerdings zu beachten: Das Bild ist an sich doppelwertig (ambivalent). Die Gefahr, daß wir „in Bildern versinken und ertrinken", ist nicht zu übersehen. „Nur in Bildern lebt's sich schön" (Derleth). Die heutige Bildflut verleitet viele zur Flucht vor den Zwängen der Realität in das „Nirgendwo".

Trotzdem: Der Bildhunger muß durch echte Bilder gestillt werden, damit sich Kinder und Jugendliche von ihrer Gemüts- und Willensseite her richtig entfalten können. „In echten Bildern lebt Verwandlungs- und Entwicklungskraft."

Von großer Wichtigkeit ist deshalb die Auswahl und das verantwortungsbewußte Umgehen mit Bildern. Eine weitere Voraussetzung ist das existentielle Betroffensein des Erzählers von der Wirklichkeit und der inneren Wahrheit der Erzählung.

Auf rationales Erklären soll möglichst verzichtet werden, denn es zerstört das Bild (Symbol, Gleichnis). Die Geschichte wird „eindeutig", oftmals banal.

4. Erzählen – Was bewirkt es beim Erzähler selbst?

Kontaktfähigkeit

Wer sich zum Erzählen entschließt und immer mehr Freude daran gewinnt, verliert fast automatisch seine *Introversion*, das heißt seine extreme Einwärtswendung, sein starkes Auf-sich-bezogen-Sein. Mindestens verringert sie sich zunehmend, und er gewinnt dadurch intensiveren Kontakt zu den Jugendlichen und selbstverständlich auch zu seiner Umwelt ganz allgemein.

Der Erzähler darf es nicht tragisch nehmen, wenn eine Geschichte einmal nicht so gut angekommen ist. Schweigen oder ablehnendes Verhalten der Zuhörer kann viele Ursachen haben: Zum Beispiel starkes Betroffensein, das der Erzähler vielleicht nicht wahrgenommen hat, oder auch Identifikationseffekte und -probleme, die daraus entstehen. Es ist möglich, daß eine Person geschildert wurde, deren sympathisches Wesen oder deren Unwesen einer unbewußt erlebten anderen Person entspricht. Apathie oder sogar Antipathie kann die Folge sein, umgekehrt aber auch Sympathie und Begeisterung. Es kann auch vorkommen, daß sich der Zuhörer stark mit dem Erzähler identifiziert, sich ihm also zunehmend angleicht und so intensiv mitgeht, daß ein Distanzieren nicht sofort möglich ist. Dies trifft besonders nach dem Erzählen eigener Erlebnisse zu.

In diesem Fall ist ein nachfolgendes Gespräch wertvoll und hilfreich. Dabei können zu starke Identifikationen behutsam korrigiert und Übertragungen zurückgenommen werden.

Aufnahmefähigkeit

Der Erzähler erfährt nicht nur Anerkennung und Zuwendung, sondern auch *konstruktive Kritik*.

Rückfragen und Anreize zur eigenen Reflexion sind der Persönlichkeitsreifung und der Entwicklung dienlich.

Wer im Rahmen der Jugendarbeit oder des Unterrichts für andere erzählt, der nimmt fremde Meinungen, Erfahrungen, Erkenntnisse und Wertmaßstäbe in sein Denken und Verhalten auf. Er wird offen für das *Korrektiv*, das ihm ständig begegnet.

Deshalb sollten nach dem Erzählen so oft wie möglich Gespräche (Diskussionen, Fragemöglichkeiten, Aussprachen, Rundgespräche) angeboten werden.

Erlebnisfähigkeit

Wesentlich stärker als beim Zuhörer wird beim Erzähler die Fähigkeit zum Erleben und zur Verarbeitung des Erlebten und Erfahrenen gesteigert. Er hat den „Verstärker" sozusagen in der eigenen Tasche. Der Erzähler nimmt Ereignisse, Vorgänge, Schilderungen und Beschreibungen ganz anders auf als der Nichterzähler. Er erlebt bewußt und intensiv.

Dialogfähigkeit

Beim Erzählen findet eine Wechselwirkung zwischen dem Erzähler und den Zuhörern statt. Diese Kommunikation geschieht vor allem durch die *Körpersprache* und besonders mittels der Augen.

Wer in die Augen seiner Zuhörer schaut, liest darin. Sie sind für den Erzähler der Spiegel, in dem sich die Bilder, Inhalte und der sprachliche Ausdruck seiner Erzählkunst spiegelt. Der *Augenkontakt* ist sehr wichtig, um die „Bilder", die vom Erzähler abgerufen werden, dort beim Gegenüber „ankommen" zu sehen. Die Augen des Zuhörers drücken all das aus, was die Bilder, die Sprache und der ethische Inhalt bewirken.

Man sieht beim Erzählen also auch mit den Augen des Zuhörers, vertieft oder verstärkt die Bilder – oder nimmt sie zurück. Man verhilft zum Entspannen bei zu starker Spannung. Man verändert dann unter Umständen seinen Stil, ja sogar die eigene Sichtweise. *Alles in allem:* Es findet ein lebendiger Dialog schon während des Erzählens statt, der dann beim Austausch über das Gehörte und Geschaute noch vertieft oder ausgeweitet wird.

Ulrich Parzany berichtet über den Meister des Erzählens, Pastor Wilhelm Busch:

„Mindestens so entscheidend wie sein eigenes Erzählen war die Tatsache, daß er die Methodik des Erzählens den Mitarbeitern seiner Jugendarbeit begreiflich und nachvollziehbar gemacht hat. Es ist ja bei weitem nicht so, daß jemand entweder die geniale Gabe des Erzählens hat oder dazu absolut unfähig ist.

Talente müssen entdeckt und dann – was noch viel wichtiger ist – entwickelt werden."*

* Ulrich Parzany, „Im Einsatz für Jesus", Programm und Praxis des Pfarrers Wilhelm Busch. Schriftenmissions-Verlag, Gladbeck, Seite 109.

5. Wie wählt man Erzählstoff aus und bereitet ihn auf?

Am leichtesten lassen sich natürlich selbsterlebte Ereignisse wiedergeben.

Man *erinnert* sich und ruft die einzelnen Erlebnisse ab. Weil wir aber in der Regel nur über einen begrenzten Schatz selbsterlebter Geschichten verfügen, wählen wir fremde gute Erzählungen aus oder greifen zu spannenden Berichten, die wir noch zu Erzählungen umformen müssen.

Dabei vertiefen wir uns in die Schilderungen, stellen uns die Handlungsabläufe vor und „sehen" uns in die fremden „Bilder" hinein.

Ohne diese Bildvorstellungen kann man nicht anschaulich erzählen. Der Erzähler muß die Bilder sehen wie bei einem Film, sie in Bewegung setzen und möglichst in die Existenz des Zuhörers übertragen.

Beim ersten Lesen prüft man die Geschichte auf ihre Eignung, beim zweiten Lesen muß man darauf achten, daß sich Bilder einstellen, die man verinnerlicht und die später bei der Wiedergabe dann abgerufen werden können. Selbstverständlich darf eine gelesene Erzählung mit eigenen Bildern angereichert werden.

Das *Erinnern* verläuft erfahrungsgemäß von Mal zu Mal rascher und gelingt besser. Beim öfteren Wiedergeben gewinnt man schnell Routine. Ebenso fällt dem Erzähler das Einprägen immer leichter.

Mit der Zeit gelingt es sogar, ganz formale Kurzberichte aus Zeitungen oder telegrammstilartige Informationen phantasievoll mit Bildern anzureichern und anschaulich wiederzugeben, so daß daraus richtige, spannende Geschichten entstehen.

Erzählbeispiel: „Was siehst du – Abraham?", eine Erzählung, die aus den beiden Bibelversen 1. Mose 19,27.28 entwickelt wurde (> Seite 82).

Was muß beim Lesen eines Berichtes oder einer Geschichte beachtet werden?

Eine Erzählung ist in der Regel in folgender Weise angelegt:

Einführung: Schauplatz und Situation

Hauptteil: Ablauf der Handlung

Schluß: Ergebnis oder Lösung

Nicht immer aber ist dieser Aufbau sofort zu erkennen, und oft folgt eine Geschichte auch nicht vollständig diesem Schema. Man liest deshalb eine Geschichte besser mehrmals:

● Zunächst geht es darum, den Inhalt gut zu erfassen. Die Phantasie begleitet den Leser, so daß er den Ablauf, die Handlungen der Personen, die Landschaft und die Räumlichkeiten buchstäblich vor sich sehen kann.

● Beim zweiten Lesen folgt man der Zielrichtung, stellt Höhepunkte und vor allem den übergeordneten Zielpunkt fest. Auf was zielt die Erzählung ab? – Damit hat man meist auch ihren Sinn erfaßt.

● Bei einem dritten Gang nimmt man Abstriche vor, kürzt, wo es geboten scheint, streicht also langatmige Schilderungen oder auch Handlungen, die unter Umständen vom Zielpunkt ablenken. Man kann auch ganze Partien auswechseln oder durch Zusätze ergänzen.

● Es empfiehlt sich, kompakte Berichte durch Umsetzung in direkte Rede aufzulockern.

● Wichtig ist es, daß beim Verändern nicht der „rote Faden" verloren geht. Er muß auch beim Erzählen später ständig „sichtbar" sein.

● Den Text einer Erzählung darf man ruhig dem eigenen Erzählstil anpassen. Man vereinfacht unter Umständen die Sprache, setzt sie in die Gegenwartsform um – oder in die Vergangenheit, um das „Spannen" und auch das „Entspannen" zu erreichen. Wer dramatisieren will, kürzt die Sätze, schiebt bestimmte Reizworte wie: „Da ...!" ein. Zum Beispiel: „Die Tür öffnet sich Millimeter um Millimeter ... da ... "

● Wer sich allerdings dem Stil und der Sprache des Autors einer

Erzählung angleicht oder diese gar übernimmt, also wortwörtlich erzählt, übt sich zweifellos in ein gutes Deutsch ein. Er profitiert von den Meistern und gewinnt an Ausdrucksvermögen und sprachlicher Eleganz.

Später verbleibt er dann – wenn seine eigene Kunst gereift ist – in einer guten Korrespondenz mit den Vorbildern, selbst wenn er längst schon selbständig ist.

● Von großer Wichtigkeit ist das vernehmliche, laute Lesen des Textes. Erst beim Sprechen teilt sich die Geschichte ganz mit. Deshalb sollte man die Erzählung mindestens einmal laut lesen.

● Wer mit Erzählen anfängt, sollte sich kurze Notizen machen und diese vor sich auf den Tisch legen.

Man fertigt dazu eine Handlungsskizze in Stichworten an.

Beispiel: „Die schwarze Hand gibt auf" (> Seite 102).

1. Im Fuchsbau der Gruppe „Walnuts", die Jungen entdecken die Schmiereien, Tohuwabohu im Heim, Rachewünsche – es kommt anders.

2. Zu Hause bei „Hanno", es ist Nacht, es klopft – verrückte Situation, da – ein Bursche wird geschnappt: der Boß der „Schwarzen Hand", Dieter = „Dick".

3. Dieter packt aus: Diebesbande, Diebeshöhle in der Villa, Einbruchsversuch im Lichthaus, der Dicke erwischt die Bande, wird aber außer Gefecht gesetzt, Erschrecken, wilde Flucht durch den Stinkgraben, Wasserturm, Bogen schlagen, „Culo" (Ingo) verliert Tasche, bleibt am Spannseil hängen, Einsturz der Mauer, verschüttet im Gang der Diebeshöhle, Luftmangel. Wo ist „Culo"? – Angst, Verzweiflung, „Culo" entdeckt, dem Wahnsinn nahe, sterben? – Luft durch Öffnung in Kreuzesform, Pickelschläge, gerettet? – Ingo schwerverletzt, Krankenhaus.

4. Die Lösung? „Dick" bei „Hanno", angenommen – aufgenommen, Gott? Warum gerettet? – Neuanfang. P.S.: Bande aufgeflogen, dafür Engagement bei den „Walnuts".

An diese Notizen muß man sich natürlich nicht sklavisch halten, man kann auch Vergessenes durch Rückkoppelung nachholen. Mit der Zeit vergißt man das Hinschauen und nimmt keine Notiz mehr von seinen Notizen.

6. Die Erzähltechnik

Wie erzählt man spannend und packend? Gute Erzähler bekommen oft zu hören:

„Bei dieser Erzählung habe ich alles total vergessen, was mich gerade noch beschäftigt hat; ich bin wie in eine andere Welt versetzt ..."

„Was –? Schon eine Stunde vorüber? Kann ich nicht begreifen, ich könnte noch weitere zwei Stunden zuhören ..."

„Ungeheuerlich ist das; ich weiß nicht mehr recht: Habe ich das selbst erlebt – oder war ich nur Zuhörer?"

„Wie blaß ist dagegen Video – Mann, hier bist du so richtig mitten drin, total dabei bist du ..."

„Diese Geschichte werde ich nie vergessen ..."

Manche können sich kaum äußern, sie sind noch zu sehr im Geschehen. Viele sind auch so betroffen, daß sie nicht reden können, auch ihnen fehlt die Distanz zu dem Erlebten. Doch einige Tage oder auch Wochen später sprudelt es dann heraus: „Ich bin noch immer nicht fertig mit der Story ..." Oder: „Genau wie in der Geschichte von ..."

„Seither sehe ich vieles ganz anders."

Die packende Situationsschilderung und die spannenden Dialoge, vor allem aber die gesamte Technik des Erzählens, bewirken das gute Einfühlenkönnen, das Sich-hinein-Versetzen, das Nicht-Ermüden, die gespannte Aufmerksamkeit und das Mitgehen mit dem Erzähler.

Ein Kind reagiert tausendmal feiner als ein Tonband,
das wir abhören.
Das Kind ist der Seismograph unserer Geistesgegenwart.

Karl Würzburger

Worauf es ankommt

1. Erzählen kommt in gewisser Hinsicht einem Ritus gleich

Der Erzähler muß sich also zunächst die Stimmungslage schaffen, die einen guten Einstieg ins Erzählen und in die besondere Art der Geschichte ermöglicht.

Wie macht man das? Schon das Aufstellen einer Kerze und das Anzünden kann die entsprechende Atmosphäre schaffen. Bei einer Spukgeschichte muß man unbedingt abdunkeln oder für „trübes" Licht sorgen.

Nun ist es dunkel, die Kerze beleuchtet nur wenige Gegenstände, dafür aber unbedingt das Gesicht des Erzählenden. Sie flackert, wirft Schatten und hüllt alles ins Geheimnisvolle.

Ebenso kann ein entsprechendes Lied für das Einstimmen sorgen. Solche beschwörenden Gesänge kann man augenblicklich erfinden und dann von der Mannschaft nachsingen lassen. Die geheimnisvolle Situation ist damit gegeben.

Bei starkem Lärmpegel nimmt man zum Beispiel eine Stecknadel, läßt sie wiederholt auf ein Papier fallen und fragt dann laut, ob man das Geräusch des Aufschlagens der Nadel ganz hinten auch hören kann – und beginnt dann leise und schließlich zunehmend lauter zu erzählen. Die Geräuschkulisse klingt bei dieser Manipulation in der Regel ab, und atemlose Stille tritt ein.

Beschwörende Bewegungen, Summtöne oder auch ein durchdringender Schrei verschaffen dem Erzählenden – besonders bei großem Publikum – Ruhe und Gehör. Man kann auch schreiend mit dem ersten Satz eines Dialogs beginnen. Noch wirkungsvoller ist das ganz leise Beginnen mit noch nicht so wichtigen Sätzen.

2. Gerade bei Jugendlichen darf beschreibendes, langatmiges Darstellen einer Situation oder einer Landschaft nicht am Anfang stehen

Man beginnt eine Erzählung am besten mit einem kurzen Dialog oder einem dramatischen Auftritt. Ein kurzer, lauter Schrei mit nachfolgendem sich überstürzendem Sprechen ist eine Möglichkeit.

Beispiel: „Halt! – Bleiben Sie stehen! – Hören Sie ... Sie sollen stehenbleiben!"

Es folgt ein kurzes heftiges Atmen, dann wieder ein Aufschrei und die Reaktion: „Was wollen Sie ... nein, nein, nein! – Lassen Sie mich in Ruhe! – Was wollen Sie von mir ... Nein ...!"

Wenn man nicht ganz so dramatisch beginnen will, empfiehlt sich das lapidare, aber doch geheimnisvolle, sich steigernde Beschreiben.

Beispiel: „Unter der dürren Eiche ... an einem steilen Abhang ... liegt ein schwarzes Bündel, ein merkwürdiges Gebilde mit einer sonderbaren Form ... Da ... hat sich da soeben nicht etwas bewegt ...? Die dürren Äste wispern, im Wipfel heult der Wind ... da ..."

3. Zuhörer im Jungscharalter bezieht man am besten schon von Anfang an in die Erzählung ein

Wie macht man das? Bei der Erwähnung eines Fensters zum Beispiel deutet der Erzähler auf das Fenster im Gruppenraum, das so ähnlich aussieht, oder auf das Halbdunkel im Raum, das der Situation in der Geschichte entspricht.

Die Jungen oder die Mädchen, die in der Erzählung vorkommen, können mit anwesenden Jungen oder Mädchen verglichen werden. Etwa: „Der Jan, der hatte eine Indianernase – wie du ..." Oder: „Daisy blickte, wenn sie redete, immer nach oben – genau wie du, Claudia ..."

Man kann die Identifikationsvorgänge beschleunigen, wenn man zum Beispiel nach einem Vornamen für die Hauptperson in der Erzählung sucht – und dabei die Zuhörer zur Mithilfe aufruft.

Beispiel: „Da steht plötzlich ein Mädchen aus der vordersten Reihe auf, springt mit zwei Sätzen auf die Bühne … ihre Worte gehen im Johlen der Zuschauer unter … Moment mal, wie heißt sie gleich wieder …? – Na, der Name …? – Sagt mir schnell einen Namen …!"

Die Zuhörer rufen ihren eigenen oder einen Wunschnamen – und schon sind sie an der Situation in der Geschichte beteiligt.

Oder man nimmt einen in der Jungschar bekannten Namen und überträgt ihn auf einen Rollenträger in der Erzählung. Ebenso kann man die augenblickliche Situation, in der sich einzelne oder die gesamte Gruppe befinden, in die Erzählung einfließen lassen oder in Beziehung setzen.

4. Eine Erzählung hat in der Regel einen Höhepunkt, manchmal auch mehrere – und vor allem einen Zielpunkt, auf den die Geschichte angelegt ist

Dieser Zielpunkt beinhaltet die Absicht oder auch den Sinn der Geschichte. Man spricht von Pointe oder dem „Nutzeffekt" bzw. dem Ergebnis.

Der Höhepunkt kann natürlich mit diesem Zielpunkt zusammenfallen. Oft liegt der Zielpunkt zeitlich aber hinter dem erzählerischen Höhepunkt bzw. hinter den verschiedenen Höhepunkten.

Beispiel: Die Erzählung „Die schwarze Hand gibt auf" (> Seite 102).

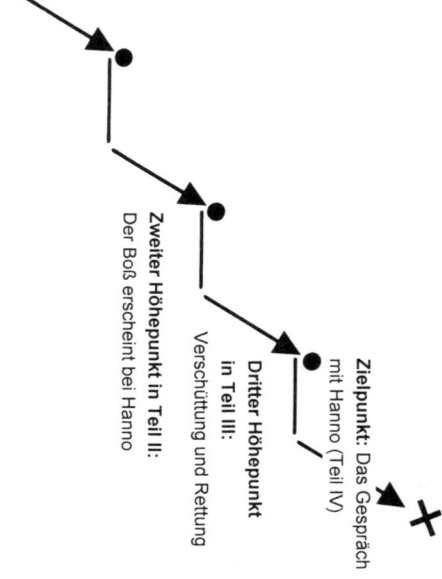

Erster Höhepunkt in Abschnitt I: Das Chaos im „Fuchsbau"

Zweiter Höhepunkt in Teil II: Der Boß erscheint bei Hanno

Dritter Höhepunkt in Teil III: Verschüttung und Rettung

Zielpunkt: Das Gespräch mit Hanno (Teil IV)

In dieser Erzählung finden wir – entsprechend den vier Abschnitten – verschiedene Höhepunkte. Der übergeordnete Höhepunkt liegt eindeutig im Abschnitt 3, nämlich in der Schilderung der dramatischen Zuspitzung der Lage der Verschütteten und ihrer Rettung.

Doch selbst im Teil III gibt es noch weitere untergeordnete Höhepunkte: Die Flucht aus dem „Lichthaus", das Schicksal „Culos", die Entdeckung des Verlorenseins, das Erinnern an die Worte beim Besuch der Gruppe „Walnuts", das Schreien nach Gott, die totale Verzweiflung – und schließlich die Rettung.

Der Zielpunkt aber liegt im letzten Abschnitt der Erzählung, nämlich im Gespräch des Bandenchefs „Dick" mit dem Leiter der Jugendgruppe, „Hanno". Hier wird die Lösung aufgezeigt, und diese führt zum Ergebnis.

5. Wie und wodurch kann die Spannung über die verschiedenen Höhepunkte hinweg erhalten bleiben oder sogar noch gesteigert werden?

Folgende Vorgänge gehören wesentlich zur Technik des Erzählens:
Schema:

Spannen – Entspannen – dann wieder Spannen (Anziehen) – und wieder Entspannen (Lockern).

Wie geschieht das?
Schnelles Sprechen, dramatisches Erzählen – dann Auflockern durch Einschub von Humor (lustiges Erzählen) oder mindestens langsameres Darstellen – Verweilen.

Dann wiederum: Schnelles Sprechen, dramatisches Erzählen – und schließlich wieder Entspannen – Verweilen.

Soll die Erzählung abgebrochen werden, um zu einer anderen Zeit (nächste Gruppenstunde u.ä.) fortgesetzt werden zu können, wird nochmals dramatisch erzählt. Plötzlich erfolgt der Abbruch mit der trockenen Bemerkung: „Fortsetzung folgt beim nächsten Treffen!"

Es ist vor allem wichtig, daß emotionale Spannungszustände durch Einblenden von lustigen Szenen oder humorvollen Worten abgelöst werden.

6. Zum Ablauf einer spannenden Geschichte gehören folgende Kniffe:

– Nach raschem Sprechen kurze Pausen (Verschnaufpausen) einlegen,
– ab und zu einzelne wichtige Worte oder ganze Sätze gedehnt sprechen,
– kurze, einprägsame Sätze öfter wiederholen,
– einzelne Worte besonders laut sprechen oder ausdrücklich betonen, und umgekehrt leise sprechen oder flüstern (Stimmmodulation),

- nach lautem Sprechen plötzlich leise werden,
- zunehmend schneller sprechen und dann plötzlich absetzen,
- kurze Dialoge einschieben,
- dann wieder beschreiben, verweilen,
- wiederum dramatisieren,
- Worte oder auch ganze Sätze im Chor sagen lassen,
- plötzlich auf den Tisch schlagen (und damit stellvertretend Aggression abbauen), klopfen,
- Stimme verstellen, rufen, mit Echo sprechen, schwer atmen, stottern, pfeifen, jammern, lachen,
- all das, was wir sonst beim darstellenden Spiel tun.

Alle Gleichmäßigkeit beim Sprechen ermüdet!

Das wichtigste Mittel zur Gliederung ist die Pause.

Vera Balser-Eberle

7. Körpersprache – Mimik (Gesichtsausdruck) und Gestik (Körperbewegungen) – verstärkt die dargestellten Ereignisse, Situationen und Dialoge

Sie charakterisiert auch die dargestellten Personen und hebt die besonderen Eigenschaften hervor.

Dies verhilft dem Zuhörer zum Mitschauen der Bilder, die der Erzähler mit seinen Schilderungen „zeichnet". Ein Zuviel und Zuoft kann freilich die Wirkung vermindern und unter Umständen eine Konsumhaltung der Zuhörer bewirken.

Kinder und Jugendliche sollen ihre Phantasiekräfte selbst entfalten und wirken lassen. Deshalb ist es wichtig, daß der Erzähler beim Erzählen möglichst alles, was er darstellt und schildert, in Bilder umsetzt. Er darf also keinesfalls trocken berichten, sondern muß selbst Bilder sehen und diese beim Erzählen vermitteln.

8. Das Miterleben beim Erzählen kann durch besondere Aktionen vor dem Beginn einer Geschichte oder auch mitten im Ablauf stark gefördert werden

Dies geschieht durch die Hinzunahme von bestimmten Utensilien. Sie verstärken das Interesse, die Erwartungshaltung und die Spannung.

Man stellt zum Beispiel einen Krug auf den Tisch, ohne dazu etwas zu sagen. Das anfängliche Schweigen des Erzählers reizt die Zuhörer, die ja nun auch Zuschauer sind, zum Fragen und Raten. Was soll der Krug? Was hat es mit dem Krug wohl auf sich? Was wird mit dem Krug gleich geschehen?

Nun, um diesen Krug geht es in der folgenden Geschichte. Er dient zwar nur dem Aufrollen des Ereignisses, hat aber auch sonst noch eine symbolische Bedeutung (vgl. Joh. 4,1-42). Zunächst dient er als Einstieg.

Genauso kann man einen Stock herbeiholen, Papier knistern lassen, Geldscheine aus der Tasche ziehen, Steine auf den Tisch legen, Masken aus Gips hervorholen, mit Puder arbeiten und anderes mehr.

Beim Erzählen von Gruselgeschichten läßt man die Teilnehmer schon zuvor verschiedene ausgefallene Gegenstände aus Wald und Wiese „herbeizaubern". Diese werden dann in die Geschichte „eingebaut".

Das Einbeziehen der jugendlichen Zuhörer und Zuschauer kann auch „handgreiflich" erfolgen

Wird in einer Geschichte zum Beispiel eine Person verhaftet, so kann man einen „ausgewählten" Burschen packen und an ihm die Ergreifung und Verhaftung des Täters demonstrieren. Manche Jugendleiter sollen angeblich auf diese Weise ihre allzu forschen und aufmüpfigen „Tonangeber" wieder in Reih und Glied bringen.

Beim Erzählen am Feuer oder in einer Hütte im Zelt empfiehlt es sich, einige Teilnehmer vorher zu verständigen und sie in die Geheimnisse und den Verlauf der Erzählung einzuweihen. Diese üben dann während des Erzählens bestimmte Funktionen aus. Da schreit es im Hintergrund, oder jemand stöhnt hinter Bäumen; Vogelrufe oder verschiedene andere Geräusche illustrieren die Geschichte.

Oftmals sind es auch willkommene, aber nicht selbst verursachte Laute oder andere Geräusche, die man in die eigene Erzählung einbezieht, so etwa das Rauschen des Windes, das ferne Donnerrollen, das Rauschen des Wildbaches, Tierlaute und das Krachen im Geäst des nahen Waldes.

Das Einbeziehen „natürlicher" Gegebenheiten ist normalerweise unproblematisch. Anders verhält es sich, wenn wir die Gruppe oder einzelne Teilnehmer zum Mitmachen ermuntern. Überziehen diese dann ihre Begeisterung oder versuchen gar gezielt zu stören, indem sie ihre eigenen Schwächen angeberisch kompensieren, dann muß dies konsequent gesteuert oder vom Erzähler unterbunden werden. Andernfalls ist der Fortgang der Geschichte in Gefahr.

Ein Beispiel zum Ausprobieren

Wir erzählen eine Kurzgeschichte, die sich für Jungscharler und Teenager eignet. Dem Jungscharalter entsprechend steigen wir ohne Rampe in die Geschichte ein. Wir verzichten also auf eine längere Einführung, geben nur ganz kurz die Situation an: Goldgräber irgendwo in Kalifornien.

Das Nichteingeklammerte lesen wir jetzt sofort laut mit:

Am liebsten hätte er laut aufgeschrien vor Angst. Aber er preßt den Mund zusammen, denn er weiß, daß jede – auch noch so kleine – Bewegung den Tod bringen kann.
(Kleine Pause.)

(Ganz kurzer Rückgriff, Stimme sachlicher:) Was war geschehen? Seit Tagen unterwegs, legen sich Vater und Sohn todmüde in ihren Kleidern zum Schlafen. (Kleine Pause, Steigern der Stimme:) Plötzlich erwacht der Junge und spürt, daß etwas Eiskaltes, Schuppiges an seinem Bein hinaufkriecht.

(Stimme abschwächen, ruhig und verhalten weitersprechen:) Instinktiv rührt er sich nicht, zwingt sich zum Stillhalten (engagierter), doch sein Herz schlägt wie wild.

Fieberhaft registriert der Verstand (lauter werdend): Das kann nur eine Schlange sein. – Eine Schlange? – mein Gott!

(Pause.)

Tatsächlich, eine der gefährlichen Klapperschlangen war in das Hosenbein hineingekrochen (schneller werdend) – und bewegt sich jetzt nach oben.

(Steigerung, lauter werdend:) Nun kriecht die Schlange schon quer über den Leib. (Mit Erregung gesprochen:) Ihr Kopf hat die Herzgrube erreicht (Spannungspause) – und da bricht dem Jungen der kalte Schweiß aus, der Atem geht stoßweise, der Körper wird ruckartig geschüttelt.

(Erhöhung der Dramatik durch Übergang in die erste Person:) Wenn ich nur den Vater wecken könnte … (kleine Pause) aber wie?

(Rückkehr zur dritten Person:) Was sollte er tun, was konnte er tun? (Frage indirekt an die Zuhörer.) – Schreien bedeutet das Ende. – Ruhig bleiben? Beten? (Absetzen.) – Unaufhörlich dringen Stoßseufzer aus dem halbgeöffneten Mund: „Vater, Vater, – o Gott, erbarme dich …" (Pause.)

(1. Höhepunkt:) – Jetzt zieht sich die Schlange ganz hinauf zur Brust, drückt auf die Rippen, ringelt sich in der Magengrube ein … (Flüstern:) „Vater, Vater, Hilfe … Hilfe!" – Doch der Vater dreht sich nur um und schläft weiter.

Wieder flüstert der Junge in seiner Todesangst: „Vater, so hör doch, Vater!" (Kleine Pause.) – Aber nun hebt die Schlange den Kopf. Der Junge wagt nicht mehr zu flüstern. Er zwingt sich, langsamer zu atmen, damit er die Schlange nicht erregt.

(Indirekte Frage an die Zuhörer:) Gibt es denn keine Rettung – (lauter:) – Keine Rettung? – Flüstern darf er nicht mehr, das ist ein

Spiel mit dem Tod, doch wie soll er den Vater erreichen, ihn auf die Gefahr aufmerksam machen?

(Indirekte Frage:) Kann das wortlose Gebet etwas ausrichten? – Ist nicht jeder Gedanke ein Gebet? Und jede Regung eine Bitte? – (Lauter:) „Vater, Vater ...“ – Sind es nur Gedanken – oder wurden daraus Worte?

Da wacht der Vater endlich auf, merkt, daß irgend etwas los ist. „Vater, Schlange, Brust ...“, flüstert der Sohn. (Steigern:) Im selben Augenblick sieht der Vater den mächtigen Klumpen auf der Brust des Jungen. (Stimme des Vaters steigern:)

„Bleib ganz ruhig, mein Junge!“ flüstert der Vater erregt.

„Ganz ruhig, mein Junge ...“ –

„Schieß sie tot ...“, flüstert der Sohn erschöpft. – „Schnell, Vater, schieß!“

(Steigern:) Sein Herz schlägt zum Zerspringen, der ganze Körper bebt:

„Vater, Vater – ich kann nicht mehr ...“ (Pause.)

Der Vater nimmt den Revolver, läßt ihn aber wieder sinken. (Verzweifelt:) „Ich kann nicht, Junge – der Kopf liegt so tief, daß ich nicht schießen kann, ohne dich zu treffen. – Und schieße ich auf ihren Körper, so beißt sie trotzdem ...“ (Kleine Pause.)

(2. Höhepunkt:) „Schieß, Vater!“ (Stimme steigern) fleht der Junge in höchster Erregung. (Ruhiger:) Die Schlange ist unruhig geworden, sie hebt den Kopf (erregt, mit zunehmender Steigerung:), zischt vor Wut – jetzt hebt sich das Hemd – (der Erzähler steht auf oder macht entsprechende Handbewegung) – ganz deutlich zu sehen: Da – da – der Schlangenkopf. – (Handbewegung, Zugriff:) Blitzschnell greift der Junge zu, die Hand umklammert den Hals der Schlange (Zugriff:) – preßt ihn mit letzter Kraft zusammen. (Stimme bleibt auf der gleichen Höhe:) Hoch bäumt sich der Schlangenleib auf der Brust. Kann er die Schlange festhalten? (Lauter werdend:)

Kann er sie festhalten? – (Noch lauter:)

„Vater, Vater, hilf ... o Gott ...“

Doch da ist der Vater mit dem Messer schon ganz nahe. Mit einem gewaltigen, wuchtigen Schnitt kann er die Schlange töten. –

Langsam entgleitet sie der Hand des Jungen. – (Stimme abklingen lassen, Pause:) „Vater ... Vater ... Danke!"

(Leise:) Über das verkrampfte Gesicht des Jungen huscht ein Lächeln. – Wie gelähmt sinkt er zurück. Er ist gerettet! (Pause, der Erzähler setzt sich wieder hin.)

Hinweise zu dieser Geschichte

Diese kurze Erzählung kann als Beitrag zur Erhellung und auch zur Lösung des Generationskonflikts verwendet werden. Ein solches Beispiel wirkt in das Unbewußte, neutralisiert Aggressionsenergie und „erinnert" durch diese Rückbesinnung die positiven Erfahrungen und Erlebnisse, die sich als Bildkräfte niedergeschlagen haben.

Hierauf zielt auch der Skopus = Zielpunkt der Geschichte. Beide Höhepunkte sollten diesen Zielpunkt ansteuern und zum „Sprechen" bringen.

7. Das Erzählen biblischer Geschichten

Voraussetzungen für wirkungsvolles Erzählen

● Gerade bei biblischen Texten ist die „Vorarbeit", nämlich das eigene „In-Beschlag-nehmen-Lassen" von der Autorität, der Wahrheit und der Aktualität des an uns ergehenden Wortes Gottes von besonderer Wichtigkeit. Man kann Leben und Wahrheit nur als persönlich Betroffener weitergeben. Es geht also zunächst um das rechte *Hören*, um das „Hineinlauschen" in die Berichte, dann um das *Nachvollziehen* im Erleben und schließlich um die *Transparenz*: der Hörende und Erlebende wird „durchlässig" für die Botschaft.

● Trotzdem ist auch *Textarbeit* unumgänglich. Dazu sollte man verschiedene Übersetzungen und Übertragungen als Vergleichshilfen heranziehen. Bibelkundliche Handbücher, Lexika und Kommentare können hilfreich sein.

Von Wichtigkeit sind:

1. Das Erkennen der *Textzusammenhänge*, das Aufsuchen des Kontextes (andere Evangelien, Bezüge zum AT). Was steht unmittelbar vor der Geschichte, was folgt?

2. Die *Vergegenwärtigung des zeitgeschichtlichen Hintergrundes.* Z.B. Welche Bedeutung hatte damals die Stadt Ninive, der Jona das Strafgericht ankündigte?

3. Das Studieren der *Besonderheiten* im Text. Z.B. „Hoher Rat" – wer war das eigentlich? Oder: Welche Bedeutung hatte das „Laubhüttenfest"?

4. Das Beachten der *geographischen Situation*. Wo spielte sich das Geschehen ab? Z.B. David auf der Flucht vor Saul?

● Man sollte den Textabschnitt nicht nur mehrmals, sondern auch laut *hörbar* lesen. Beim wiederholten Lesen kommen Bilder auf. Nun fügt man in diese inneren (oder auch in Bildbänden geschauten) Bilder die entsprechenden Handlungen ein. So etwa den Dialog zwischen David und Jonathan in der Heide. Oder man sieht David auf dem Bergvorsprung stehen. Langsam heben sich vor dem heraufdämmernden jungen Tag die Konturen seiner Gestalt ab. Gegenüber – auf der anderen Talseite – stehen Abner und seine Krieger und spähen angestrengt hinüber.

Auf das „Wie" kommt es an

Welche Erfahrungen wurden beim Erzählen vor Kindern im Alter von sechs bis zehn Jahren gemacht?

● Man sollte Kinder in dieser Altersphase möglichst direkt ansprechen. Z.B.: „Nun, ihr wißt ja, wie ein Soldat aussieht; der Goliath allerdings ... " Oder: „Welchen Rat hättest du David gegeben ...?"

● Nicht immer, aber ab und zu müssen Kinder in das Geschehen (nicht nur in den Ablauf der Geschichte) einbezogen werden. Man kann an bereits gemachte eigene Erfahrungen oder kindliche Vorstellungen anknüpfen, um ihr Interesse zu wecken und zu steigern. Z.B. bei den Josefsgeschichten: Kinder kennen sowohl das Vorgezogenwerden als auch die Benachteiligung, das Übergangenwerden. Die Neidproblematik unter Geschwistern ist wohl allgemein bekannt.

● Wichtig ist das Sprechen in möglichst kurzen Sätzen. Unser Erzählen soll in einer unkomplizierten Sprache erfolgen. Begriffe lassen sich leicht durch Umschreibungen ersetzen. Man kann geradezu ein Spiel daraus machen.

● Wichtige Worte, auch ganze Sätze, können öfters wiederholt werden. Sie prägen sich gut ein, und den Kindern macht die Mitbeteiligung Spaß. Z.B.: „Aber auf dein Wort will ich das Netz auswerfen!" (Petrus zu Jesus in Luk. 5,5).

• Wörtliche Rede aktualisiert das Erzählen und steigert die Aufmerksamkeit der Zuhörer. Je jünger die Kinder sind, um so häufiger sollte man sie anwenden.

• Ganz wichtige Worte und Sätze sind leise auszusprechen, wenn zuvor lebhaft und laut erzählt wurde. Dadurch gewinnen sie an Bedeutung und Wirkung.

• Das Einbeziehen der Kinder jüngeren Alters kann so weit gehen, daß sie mitten im Ablauf der Erzählung ihren Emotionen Ausdruck geben. Zum Beispiel: Man kann Fragen im Chor sprechen lassen: „Wem vertraute David?" – Und später: „Wem vertraute Goliath?"

Auch Begleitgeräusche dürfen gemeinsam „produziert" werden: Sturm, Wellen, Echolaute u.a.

Ebenso kann man dem Nachahmungsbedürfnis der Kinder stattgeben und sie z.B. die Steine, die David dem Bach entnimmt, imitierend auswählen lassen. Oder man läßt sie beide Arme hochhalten, wie das David wohl mit dem Speer des Saul getan hat. Ebenso läßt man sie in typischer Späherhaltung in die Ferne spähen, wie das wohl der Feldhauptmann Abner getan hat.

Eine Studentin berichtet: „Am vergangenen Montag hatte ich Erzähler-Premiere ... Nachdem wir uns vor der Kirche so richtig ausgetobt hatten, erzählte ich den Kindern die Geschichte vom barmherzigen Samariter. Das hat große Freude gemacht.

Ich begann mit dem Dialog im Gasthaus. Ruben kam in die Stube und setzte sich zu Habakuk an den Tisch. Den Habakuk spielte ein Junge, der gern bei solchen Dingen mitmacht. Wir hatten es nicht abgesprochen, aber als er auf Rubens Rede einfach etwas erwiderte, nahm ich das gern auf. Im Nachhinein muß ich sagen, daß der Dialog dadurch viel deutlicher wurde.

Ich freue mich schon auf weitere Erzählstunden und auf jede neue Überraschung dabei."

• Dieses Beispiel belegt, daß man ab und zu die Art und Weise der Darbietung verändern sollte. Gemeint ist hier nicht nur der wechselnde Einstieg, die noch unbekannte Perspektive, die man einer biblischen Geschichte abgewinnen kann, sondern eine völlig andere Form. Man kann zum Beispiel mit *Schattenspiel* erzählen. Das macht großen Spaß. Schon die Vorbereitungen dazu schaffen eine willkommene Belebung. Beim Schattenspiel können die Kinder auch selbst die Rolle des Erzählers übernehmen.

Nach dem Motto „Wer bin ich?" können in der Form eines *Rätselspiels* gerade bekannte Geschichten erzählt werden. Dabei nennt man zunehmend immer mehr Einzelheiten und Charakteristika, bis die betreffende Person oder das bestimmte Ereignis erraten wird.

Eine biblische Geschichte kann auch durch *Skizzen* auf einer Tafel oder mit dem Tageslichtschreiber dargestellt und dann von den Kindern geraten bzw. ergänzt werden.

Das Erzählen in Form der *Pantomime* wird häufig dargeboten. Bei Kindern zwischen sechs und zehn eignet sich zum Einüben besonders die Erzählung vom Zweikampf zwischen David und Goliath.

In der Hand des Feindes

Eine Erzählung mit verändertem Texteinstieg und Hinweisen für die Erzähltechnik nach 1. Samuel 26

„A-b-n-e-r! ... A-b-n-e-r! ... (Pause.) A-b-n-e-r! ..." (Dabei Stimme steigern, Hände an den Mund, dann hinter die Ohren, lauschend – leiser:) Schaurig klingt der Schrei über das tiefe Tal hinweg. Die Stimme ist heiser vor Erregung. (Lauter werdend:) Wer schreit da ...? (Steigern:) Woher kommt der Schrei? (Pause, herumblickend:) „Man ruft dich, Feldhauptmann!" meldet da ein schlaftrunkener Soldat. Er hat Mühe, aufrecht zu stehen.

„Du bist wohl betrunken, Bursche?!" schimpft polternd der Hauptmann und erhebt sich schwerfällig von seinem Lager. (Pause.) Der Soldat schweigt und reicht dem Hauptmann dessen Gürtel, Schild und Schwert. (Zu den Kindern hin:) „Haltet den Schild fest, nein, nicht das Schwert, das gibt der Hauptmann nicht aus der Hand!" (Pause.)

Da – (laut, steigernd:) – da – ist er wieder, der heisere Schrei: „A–b–n–e–r! ... A–b–n–e–r! ... ant–wor–te!" (Leiser werdend:) Über das lagernde Heer kommt Unruhe. (Pause, dann rascher werdend:) Schwerter klirren, Rufe werden laut, (steigern:) im Laufschritt kommen Wachsoldaten gerannt. (Pause, dann laut und hart:) „Meldung!" herrscht der Hauptmann sie an. (Nun Stimme verändern:) „Posten Hachila drei zur Stelle!" (Zu den Kindern:) „Hachila – so heißt der Berg, auf dem das Heer lagert." (Und leiser werdend:) Feuer flammt auf. Irgendwer hat einen Ast aus dem glimmenden Feuer gezogen und schwenkt ihn nun herum (Gestik mit beiden Armen), daß die Flammen auflodern.

„Wirf den Brand ins Feuer zurück! (Hart, befehlend:) Oder sollen wir zu beleuchteten Zielscheiben werden?" (Kopfschütteln:) „Wo sind denn die übrigen Posten?" (Pause, umherblickend:) „Meldung, sofort Meldung!"

Zwei Soldaten schieben sich nach vorne: „Zur Stelle Posten Hachila vier!" (Wütend:) „Was gibt es? Habt ihr was gehört?" forscht der Hauptmann. Zögernd antworten die beiden: „Nichts, nur ..." (Höhnisch:) „Nichts ...? (erregt:) Und wer schreit da ungestraft meinen Namen, he?"

(Leiser:) In diesem Augenblick hört man erneut die schreiende Stimme: „A–b–n–e–r! ... ant–wor–te!" Der Hauptmann springt einige Schritte nach vorne und lauscht angestrengt. (Laut rufend:) „Was willst du von mir? – Wer bist du? – Reichlich dreist ist dein Schreien. Der König wird kein Gefallen daran haben ... fallen haben ... fallen haben ... „Das Echo wirft die Worte zerfetzt zurück. Dann ist alles ruhig. (Pause.) Der Hauptmann blitzt seine Männer an und befiehlt (laut:) „Macht euch bereit für den Stroßtrupp, der das üble Nest dort drüben (Geste) aushebt, verstanden?!" (Leise:) Doch bevor einer antworten kann, meldet sich die Stimme jenseits des Tales wieder. (Erregt, laut:) „Ruhe!" schreit der Hauptmann und legt beide Hände an seine Ohren. (Pause.)

„Hörst – du – mich – Abner, – was bist du doch für ein sonderbarer Beschützer unseres Königs?!" Der Rufer von drüben mäßigt seine Stimme (Pause). Der Hauptmann versucht, die Gestalt zu erkennen. (Drohend:) „Was spricht der Kerl?" Unruhig tappt er hin und her. Doch da meldet sich die heisere Stimme erneut (Lautstärke steigern): „Du bist doch zuständig für die Sicherheit des Königs – oder nicht?" (Leiser:) Auch die Soldaten werden unruhig. Selbst der König erhebt sich und tritt einige Schritte näher. (Der Erzähler blickt zur Seite.)

„Gefahr für den König?" flüstern einige Offiziere bestürzt. Der Hauptmann wendet sich dem König zu (nimmt Haltung an): „Mein Herr und König, ich vermag diese Worte nicht zu deuten!" (Dann erregt, schreiend:) „Wache, Wache!" (Pause.) Sofort springen Wachsoldaten herzu und bilden einen Ring um den König.

Da meldet sich die Gestalt drüben auf der jenseitigen Bergkuppe wieder: »Ja, hört nur zu! – Warum läßt du es zu, daß zweifelhafte Personen – hört ihr – daß Männer in euer Lager eindringen? – Ohne weiteres hätten sie den König töten können!" (Pause.) Der Hauptmann ringt nach Luft. Was war da geschehen? Unglaubliches! Fremde im Lager des Königs? (Zornig schreiend:) „Wache! Zum Rapport! Was habt ihr zu melden?" Die Soldaten stehen wie erstarrt da: „Nichts, nichts, alles in Ordnung, keine Vorkommnisse ..." Kopfschüttelnd und maßlos erregt schreitet der Hauptmann auf und ab.

„Seht – doch – nach, ob – ihr – den Speer – des Königs finden könnt – und – ob sein Wasserkrug – noch am Lager – steht! – Los schaut nach!" Ganz deutlich kann man jetzt die Stimme des Rufers hören. Und auch die Umrisse seiner Gestalt werden sichtbar. Der Nebel hat sich aufgelöst, die Sonne wirft ihre ersten Strahlen auf das Gebirge. Die Soldaten rennen zum Zelt des Königs, der Hauptmann starrt fassungslos auf die Szene. Zornige Schreie sind überall zu hören.

Nun geht auch der König auf den Abgrund zu und blickt spähend hinüber. Die Soldaten springen herzu mit flehender Gebärde

(Geste des Entsetzens): »Gnade, o Herr und König, Gnade und Erbarmen ... wir wissen nicht, wie dies geschehen konnte! Habt Erbarmen!« Doch der König achtet nicht auf das Gezeter (schwach, dann lauter werdend ruft er): »David – mein Sohn David – bist du es ...?« (Pause.) Die Offiziere murren, die Soldaten starren in die Ferne. Aber der König hat Tränen in den Augen. Drüben, jenseits des Tales ruft die Stimme erneut (sanft, werbend): »Mein König, mein König – warum verfolgst du – deinen Knecht – wie man einen Hirsch jagt? – Was habe ich dir getan? Sag mir das doch!«

Blitzschnell erkennt der König, was vorgefallen ist. Er ist in der Hand Davids gewesen, ihm auf Gedeih und Verderb ausgeliefert. Der hätte Rache nehmen können, aber David hatte ihn verschont. (Pause.) Drüben konnte man nun deutlich erkennen, wie David den Speer des Königs (Geste) gegen die Sonne hebt. Auch der König hebt seine beiden Arme nach oben. (Klagend mit abgesetzten Worten:) »Oh, David, mein Sohn David, ich habe mich gegen dich versündigt ...« (Pause und Rückkopplung:) – Wie war es dazu gekommen? Und was war in dieser Nacht im Lager genau geschehen? (Es folgt der Ablauf der Geschichte nach den Versen 1-12.)

Neue Ansätze entdecken

Wie kann man bereits bekannte biblische Geschichten so erzählen, daß sie erneut interessieren und auf eine ganz andere Weise neu erlebt werden?

Man darf sie auf keinen Fall so trocken berichten wie Tagesereignisse in den Nachrichten oder in der Zeitung. Gewiß, man kann sie ohne weiteres einfach nacherzählen, wie sie der Text bietet. Viele biblische Geschichten sind sehr farbig und interessant dargestellt. Will man aber erreichen, daß auch noch bekannte oder gar durch häufiges Hören bereits „strapazierte" Geschehnisse gern aufgenommen und neu erlebt werden, dann muß man sie plastisch schildern und auf die Ebene des Zuhörers übertragen. Ebenso muß die Dynamik, die in den biblischen Berichten steckt, unbedingt vermittelt und in das Leben der Jugendlichen übertragen werden.

Statisches Beschreiben ermüdet. Allzu breit angelegte Schilderungen lenken ab. Deshalb läßt man die zeitgeschichtlichen Hintergründe und Umstände während des Erzählens hier und da in kurzer Form einfließen.

Interesse und Spannung entstehen oft schon dann, wenn wir einen neuen Zugang zu einer biblischen Geschichte finden bzw. das Erzählen damit beginnen.

Man setzt dann an einer bestimmten Stelle des Ablaufs der Geschichte ein, die bisher unbeachtet blieb. Das kann zunächst eine ganz unbedeutend erscheinende Episode – oder ein unbeachteter Gegenstand sein.

1. Beispiel: (Johannes 4,1–42)

Die samaritische Frau, die am Brunnen bei Sichar von Jesus angesprochen wird, erfährt etwas Ungeheures: Die Begegnung mit Jesus erschließt ihr die persönliche Fehlentwicklung, ihre ganze Misere, die Sinnlosigkeit ihres Lebens und nun die einmalige Gelegenheit der totalen Änderung.

Darüber vergißt sie ihren *Wasserkrug*.* Kein Wunder, denn Jesus hat ihr nicht nur die Wahrheit über ihr eigenes Leben und Verhalten aufgedeckt, sondern ihr den Zugang zu einem neuen, schöpferischen Leben eröffnet. Es werden ihr die Augen in vielfacher Hinsicht geöffnet. Nun hat sie den Durchblick! – Und darüber vergißt sie den *Krug*, mit dem sie das lebenswichtige Wasser geschöpft hat. – Sie rennt in die Stadt und läßt den Krug stehen.

Und genau hier kann man mit der Geschichte beginnen und sie

---

* Vgl. Karl Würzburger. „Kinder hören biblische Geschichte", Claudius-Verlag, München.

von den Wirkungen und den Folgen auf die Umwelt – also vom Ergebnis her – aufrollen (vgl. Joh. 4,39-42). Man kann das so machen, daß man in die Kinderstunde, zur Jungschar oder zum Kindergottesdienst einen schönen Krug mitnimmt. Er wird dann zur Anschauung auf den Tisch gestellt oder herumgereicht und somit zum Gegenstand der Neugier und des Staunens gemacht. – Und dann beginnt man mit dem Erzählen.

Zunächst spielt der Krug die Hauptrolle. Man setzt ihn auf den Kopf und demonstriert damit die übliche Art des Wassertragens in der damaligen Zeit, stellt ihn wieder hin, dreht ihn dabei nach allen Seiten, reicht ihn herum – und springt dann wieder in den Ablauf der Geschichte hinein, berichtet und zeigt, wie Jesus das Wasser angeboten wurde.

Der Zielpunkt liegt im Aufzeigen vom „Wasser des Lebens". Die Frau am Brunnen schöpft das lebenswichtige Wasser, aber sie verlangt darüber hinaus in der Tiefe nach Heilung und Lebenserfüllung, die nur von Christus her und mit ihm geschenkt wird. Auf diese „Mitte" kommt es beim Erzählen an.

2. Beispiel: (Markus 5,1-20)

Viele Kinder und Jugendliche kennen die Geschichte von der Heilung des Besessenen, der in den Grabhöhlen bei Gadara hauste, nur oberflächlich. Doch beim Nennen des Titels oder einiger Details verlieren sie bereits das Interesse, weil sie eben etwas wissen, obwohl sie die Hintergründe vielleicht kaum erfaßt haben.

Wie kann man ihnen diese Geschichte nahebringen?

Man könnte auch hier bei einer Nebensächlichkeit ansetzen und von dort her einen Zugang schaffen.

Man verlegt die Anfangssituation auf den Marktplatz der Stadt Gadara, schildert die Aufregung der Käufer und Händler, die dadurch entsteht, daß plötzlich einige Schweinehirten mit ihren Flöten und Treibstöcken wild gestikulierend auf den Platz stürmen.

Diese Männer sind außer sich, denn sie begreifen immer noch

nicht, was soeben geschehen ist. Die Menschen um sie herum bezweifeln das Geschehen, lachen oder stehen ratlos bei den Hirten.

Diese begreifen selbst nicht, daß es ihnen nicht gelungen ist, die Schweine vor dem Todessturz aufzuhalten. Immer wieder berichten sie das gleiche, stottern erregt, schütteln ihre Köpfe, raufen sich die Haare und beklagen ihr Pech. Sie werden sich gegenüber den Besitzern der Schweine verantworten müssen. – Doch wie sollen sie ihnen das Unglaubliche begreiflich machen, das sie doch selbst nicht verstehen?

Auf die vielen Fragen der Umstehenden hin kommt es zu den merkwürdigen Erklärungen der Hirten, die nun, beinahe noch unter Schockwirkung, umständlich erzählen, was da passiert ist. Wild reden sie durcheinander, bis ein Besitzer dazwischenfährt und einen der Hirten zwingt, den Hergang genau zu schildern.

Und nun wird der Hergang spannend erzählt.

Weitere Beispiele:

● **„Elia und Obadja"** (1. Könige 18,1-20)
Obadja verweist Elia auf seine Verdienste in der Vergangenheit. Er hat zweimal fünfzig Verfolgte – unter eigener Lebensgefahr – in Höhlen versteckt, hat sie mit Nahrung versorgt und vor Isebel verborgen. Er will sich aber damit vor dem Auftrag „retten", der ihn selbst in Gefahr bringt.

Vielleicht beginnt man nun gerade mit dieser Begebenheit und rollt von dieser Stelle aus das ganze Geschehen auf: „Warum zögert Obadja – und wie kommt es dann doch zum Handeln aus dem Glauben?"

● **„Der zurückgelassene Gefährte"** (1. Könige 19,1-8)
Elia flieht. Vor Gott? Vor sich selbst? Mit ihm zieht sein Diener und Weggefährte in Richtung Süden. Nach einem langen Marsch kommen beide an einen Ort, den man „Schlangenbrunnen" nennt. Dort läßt Elia seinen Gefährten zurück und geht allein in die Wüste.

Während er sich nach einem Tagesmarsch müde und verzweifelt im mageren Schatten eines Wacholderstrauches mit trüben Gedanken quält, sitzt der Gefährte allein und denkt an Elia.

Bei diesem Nachdenken über das Geschehene, den bisherigen Weg und die Taten Elias könnte man einsetzen. Die Sorge um Elia zwingt den Diener zum „Schauen". Was sieht er? – Und was geschieht unter dem Wacholderstrauch?

● „Das kostbare Nardenöl" (Markus 14,3-9)

Die Frau mit dem kostbaren Nardenöl erweist Jesus große Liebe und Dankbarkeit. „Sie hat meinen Leib gesalbt, wie man ihn zum Begräbnis salben wird ..." (Vers 8).

Folgender Ansatz wäre denkbar: „Eine Lebensversicherung verschenkt!" – „Stellt euch vor, da hat jemand seine Altersversorgung verschleudert – weggeschenkt!"

Oder man beginnt mit dem ersten Verrat des Judas, der zu den leitenden Priestern geht, um Jesus zu verraten und sich selbst zu bereichern. Von diesem Verrat aus geht man zurück zur eigentlichen Geschichte aus Markus 14,3-9 und rollt das Geschehen auf.

● „Der barmherzige Samariter" (Lukas 10,30-37)

Unter diesem Titel ist das Gleichnis Jesu über den jeweiligen Nächsten und die tatkräftige Nächstenliebe weithin bekannt.

Man kann aber dieses Gleichnis mit der Schilderung eines Gesprächs im Gasthaus beginnen.

Der Wirt eilt immer mal wieder einen Stock höher, vertröstet Gäste auf sein baldiges Wiederkommen und berichtet dann auf das wiederholte Fragen, was er denn so Wichtiges zu tun habe, von dem denkwürdigen Ereignis vor einigen Tagen. Da ist doch etwas geschehen, was keinem der Gäste in den Kopf will: Ein Außenseiter der Gesellschaft, einer von der Minderheit, hat einen Schwerverletzten geborgen und hierher gebracht. Und noch mehr: Er hat für ihn im voraus bezahlt! – In der Herberge kommt man so schnell nicht weg von diesem Thema. Auch die anderen „Zeugen" des Vorfalls kommen ins Gespräch. – Und wie hätten die Gäste selbst gehandelt?

Diese wahllos herausgegriffenen Beispiele für den „neuen" Einstieg zu einer bekannten biblischen Geschichte sollen dazu dienen, daß wir jeden Bericht daraufhin prüfen, wie er am besten erzählt werden kann – und vor allem, wie er anders als bisher dargestellt werden könnte.

Die folgenden Beispiele sind unter diesen Gesichtspunkten ausgewählt und auch vollständig dargestellt worden:

● *„Was siehst du – Abraham?"* – Eine Kurzgeschichte, die von zwei Versen ausgeht und das Schicksal Sodoms und Lots aufzeigt (1. Mose 19,27.28); (> Seite 82).

● *„Niemals kann ich das vergessen"* – Ein packender Erlebnisbericht des Petrus (Matth. 14,22-33); (> Seite 64).

● *„Einer ist verschwunden"* – Eine Erzählung um das Geschehen am Teich Bethesda. Die kranken „Hinterbliebenen" diskutieren über das Verschwinden des Geheilten (Johannes 5,1-19); (> Seite 75).

● *„So etwas hat es nie gegeben ..."* – Eine Kurzgeschichte zu Markus 2,1-12. Zwei Freundinnen entdecken das Ungewöhnliche. Sie beobachten die Vorgänge genau und werden in das Geschehen mit hineingezogen (> Seite 69).

● *„Der Turm"* – Eine Erzählung, die Wesenszüge des Menschen enthüllt und die Neigung zu Größenwahn und Machtmißbrauch aufzeigt. Diese Geschichte handelt vom „Turmbau zu Babel" (1. Mose 11), gilt aber für alle Beispiele menschlicher Emanzipation und Selbstüberhebung (> Seite 117).

Erzählte biblische Geschichten können – wie nahezu alle anderen Erzählungen auch – im Stegreif gespielt werden. Die Aneignung und Vertiefung des Gehörten und Geschauten wird noch um ein Vielfaches verstärkt, wenn das Spielen einzelner Abschnitte oder auch der gesamten Erzählung hinzukommt.

Selbstverständlich ist auch das gemeinsame Nachlesen der biblischen Geschichten zu empfehlen, weil dadurch weitere Fragen gestellt und beantwortet werden können.

8. Praktische Beispiele für das Erzählen

Niemals kann ich das vergessen

Eine Kurzgeschichte zu Matthäus 14,22-33

Reporter: Sind Sie der Sprecher der neuen Bewegung „Die Gerufenen" – oder wie Sie sich nennen?

Simon Petrus: Nennen Sie uns nach dem, der uns herausgerufen hat ...

Reporter: Gut, Sie sind einer von den Jesus-Leuten. – Können Sie mir vielleicht ein charakteristisches Ereignis aus Ihrem Leben schildern?

Simon Petrus: Das klingt schon besser. – Ja, was soll ich berichten? – Wissen Sie, nach der Begegnung mit Jesus, dem Christus, war jeder Tag ein besonderes Erlebnis – etwas Einmaliges, wenn Sie so wollen.

Reporter: Na, dann greifen Sie mitten ins Leben; erzählen Sie kurz, was Sie nicht vergessen können ..."

Simon Petrus: Nicht vergessen? – Nicht *vergessen?* Was könnte ich jemals vergessen?

Reporter: Es geht mir um ein Ereignis, ein einziges, verstehen Sie? – Wir müssen kurz und treffend berichten!

Simon Petrus: So, ja – hm, natürlich. – Na gut, ich werde mich kurz fassen:

Da saßen wir im Schiff, starrten hinaus in Nacht und Sturm und warteten auf den ersten Schimmer des neuen Tages. Keiner schlief; ab und zu rief Jakobus vom Steuer her einen Befehl in den Sturm. Aber längst waren die Segel gestrichen – und wir konnten nichts anderes tun, als uns mit aller Kraft festzuhalten.

„An die Ruder!" schrie jetzt Jakobus – und so packte ich mit fünf anderen zu. – Hach, war das ein Wind! Und die Wellen … Niemals – so meine ich – habe ich je Schlimmeres erlebt. Hinauf auf den Wogenkamm – hinunter … Hinauf und wieder hinunter. Und das ohne Ende, stundenlang. Nicht nur der Magen drehte sich um!

Das Schiff kam plötzlich in Querlage. „Haltet die Ruder fest!" schrien Jakobus und Judas zugleich.

Und da kamen auch schon die Brecher … Wasser, überall Wasser … wir waren mittendrin.

Dann hatte das Schiff wieder Kurs. „Westwärts, genau westwärts!" rief Andreas.

Jakobus riß das Steuer herum. Nun mußte auch Judas zupacken, das Schiff tanzte im Kreis wie eine Nußschale im weiten Meer.

Wir hatten alle die schreckliche Angst. Und unser Meister war nicht an Bord. Das war es, was uns traurig machte und ängstigte.

Da – das erste Zeichen der Dämmerung – der Tag, der Tag!

Doch es war nicht der Schimmer des Sonnenlichtes über den Höhen dort; vom Meer her kam der Schein. Langsam glitt er näher. Keiner dachte mehr an Sturm und Wellen. Ich weiß es noch genau: Alle saßen oder lagen mit verkrampften Händen und starrten auf den einen Punkt. Und dieser Lichtschein kam näher und näher, direkt auf unser Schiff zu, immer näher.

„Eine Gestalt …! Eine wandelnde Gestalt …!" schrie einer erregt.

„O Gott, eine Erscheinung …!"

„Nun werden wir auch vom Spuk nicht verschont", dachte ich gepeinigt. „Und der Herr ist nicht hier – ausgerechnet jetzt ist er nicht hier …"

Keiner von uns war zu irgendeiner Reaktion fähig. Sogar Judas klammerte sich verzweifelt am Steuer fest und starrte düster vor sich hin.

Da schrie eine Stimme von hinten, sich überschlagend:

„Hilfe … Hilfe … zu Hilfe …!"

Der Ruf steckte an, alle schrien vor Entsetzen und vor Angst.

„Hilfe …! Wir sind verloren …! Hilfe …!"

Doch jäh brach das Geschrei ab – und in den Sturm hinein rief eine Stimme … Eine Stimme? Es war die Stimme unseres Herrn und Meisters:

„Seid doch ruhig, ich bin es! – Seid ganz ruhig und ohne Angst, ich komme zu euch!"

Ach, das konnte keiner begreifen, jedoch sehen, ja sehen mit den eigenen Augen: Der Meister war hier, mitten im Sturm – auf dem Meer – ganz nahe bei uns.

Das war zuviel. Ich wußte damals nicht, was ich tat. – Jetzt erst weiß ich es: Mit einem Sprung war ich an der Bordwand, starre nur auf ihn, sah nichts anderes mehr, nur ihn …

Ich wollte ganz sicher gehen, wollte es genau wissen. Darum rief ich zitternd vor Freude: „Herr, bist du es wirklich? – Bist du es …? Gib mir die Erlaubnis, zu dir zu kommen, bitte, Meister …"

Und er antwortete tatsächlich: „Komm, ja komm zu mir!"

Wie es dann genau geschah, weiß ich wirklich nicht mehr. Über Bord – und hin zu ihm, das war eins.

Aber dann, dann geschah es … Niemals werde ich das vergessen: Ich blickte mich um. Wo war ich denn? Was tat ich da? Oh, oh … ich sah die peitschenden Wogen um mich, die haushohen Wellen vor mir … Ich sah, ich sah – nicht ihn. Und da … oh … da … nein, das war mehr als eine Blamage, das war meine ganze Misere, das war ich mit Haut und Haaren, ich, Simon, Simon – und nicht Petrus der Fels –, sondern Simon der Sinkende, Simon der Gesunkene …

Aber er ließ mich nicht ertrinken, obwohl ich sank; nein, er griff zu, mit seiner starken Hand packte er mich und zog mich empor. Mein Schreien: „Oh, Herr, hilf! – Halte mich fest …!" wäre nicht nötig gewesen. Seine rettende Hand war schon ausgestreckt. Und so zog er mich sanft nach oben und hob mich ins Schiff.

„Simon, ist dein Vertrauen zu mir so schwach, so gering, daß du auf die Wellen blickst, statt auf mich zu sehen?" fragte er leise.

Ja, das war es, genau das war mein schwacher Punkt: Immer sah ich auf die dunklen Wolken, auf die drohenden Gefahren in meinem Leben, statt auf ihn, von dem alle Hilfe kommt. Ja, niemals werde ich das vergessen: Wie er mich griff und liebevoll ansah …

Als er dann im Schiff stand, war alles anders – verändert, verwandelt, denn er war da.

Wie bedeutungslos war der Wind – der Sturm hatte sich gelegt – und die Wellen, so harmlos!

Wir alle sahen auf ihn – nur noch auf ihn.

Ja, das war's, das ist's – was ich niemals vergessen kann – und doch nur ein Erlebnis unter so vielen.

Reporter: Ich danke Ihnen, Simon Petrus! Ja, beinahe habe ich mich selbst in diesem Schiff vorgefunden, so lebendig haben Sie erzählt. Eine ungeheure Sache, das – und welch ein Mann, dieser Jesus von Nazareth!

„Niemals kann ich das vergessen"

Hinweise zu Form und Inhalt:

Hier liegt das typische Beispiel einer Erzählung vor, die von hinten her aufgerollt wird.

Der Erzähler – Simon Petrus selbst – schildert, immer noch betroffen, ein tiefgreifendes Ereignis, das er nicht mehr vergessen kann.

Das Erzählen in der 1. Person ist die intensivste Form des Darstellens. Alles fließt, Dialoge gibt es selten, und auch Beschreibungen fallen kurz aus.

In dieser Erlebnisschilderung treibt alles auf den einen *Höhepunkt* zu, der auch den *Zielpunkt* beinhaltet: Das Versagen und das Angenommenwerden. Die Dramatik steigert sich zunehmend und gipfelt in dem staunenden, zutiefst verwunderten Überwältigtsein, das einem „Außersich-Sein" nahekommt.

Hinweise für das Erzählen:

Dieses Erzählbeispiel ist besonders charakteristisch für das spannende und anschauliche Erzählen vor Jugendlichen.

Der Erzähler Simon Petrus ist so sehr betroffen und ergriffen, daß er nicht in schönen wohlgeformten Sätzen berichtet, sondern zum Teil unlogisch, vorwegreifend, nachholend, in Bruchstücken von Sätzen, einzelnen andeutenden Worten, abgehackt, knapp.

Genau so muß der Nacherzähler verfahren!

Für die jugendlichen Zuhörer werden solche Erzählungen zum Erlebnis. Und dies soll so sein. Genau das ist die Absicht und das Ziel. Wer würde sonst in seinem tiefsten Innern gepackt und motiviert werden?

Leider sind die anderen Erzählbeispiele in diesem Buch zu „klassisch" abgerundet, geglättet, logisch stimmig – und dadurch noch zu wenig lebendig. Das mag bei einzelnen Geschichten auch richtig sein. Wo aber Betroffene berichten, da haben klassische Sätze keinen Platz.

Deshalb verzichten wir in der Regel auf die wohlgeformte, geglättete Vorlage und erzählen selbst als Betroffene und Ergriffene frei und bewegt.

Beim Erzählen in der Kindergruppe und Jungschar kann auf die Rahmengeschichte, das Interview, verzichtet werden. Es hat allerdings die Aufgabe, das Erlebnis des Petrus ganz in die Gegenwart zu stellen, um damit zum Erlebnis der Gleichzeitigkeit zu verhelfen.

So etwas hat es noch nie gegeben

Eine Kurzgeschichte zu Markus 2,1-12

„Grüß dich, Debora! – Vom Seeufer aus habe ich bereits gesehen, daß da etwas los ist ... "

„Schalom, Sulamith! Ja, auch ich habe das Gemurmel der Leute gehört und bin ihm nachgegangen. – Weißt du Näheres?"

Die beiden Mädchen umarmen sich herzlich und lauschen dann wieder auf das Raunen und Murmeln, das aus den engen Gassen herüberdringt.

„Ich meine, dort hinter der Schule muß etwas passiert sein!"

„Oh, Gott, womöglich ein Unglück im Schulhaus selbst ... die Kinder?" ruft Sulamith erschrocken und zieht Debora in die schmale Gasse, die zur Schule führt. Beide eilen leichtfüßig den Hügel hinauf.

„Dort – welch ein Gedränge! – Das muß im Hause Simons sein!" Debora verlangsamt ihren Schritt: „Schau – da tragen sie einen Verletzten ... "

Tatsächlich tragen gleich vier Männer einen Menschen auf der Bahre. Doch sie schleppen ihn nicht aus dem Haus, sondern wollen hinein.

„Verstehst du das?" stößt Sulamith heraus. „Da muß doch etwas passiert sein, überall stehen Menschen – und die wollen mit ihrer Bahre auch noch in das Haus hinein?"

Die Freundinnen treten etwas zurück und betrachten das Geschehen vom Schulgarten aus.

„Niemals kommen die da hinein!"

„Man läßt sie nicht hinein ... "

„So sind die Menschen, keiner will weichen, jeder behauptet seinen Platz!"

Doch dann geschieht etwas ganz Merkwürdiges, das den Freundinnen fast den Atem raubt.

„Da schau, jetzt steigen sie auf das Dach …"

„Was soll denn das?" antwortet Sulamith und schiebt sich weiter nach vorne.

Richtig, zwei der Träger stehen bereits oben auf dem Flachdach – und die beiden anderen werfen jetzt Seile nach oben.

„Paß auf, die ziehen den Verletzten hinauf!"

„Es scheint mir, das ist der lahme Micha Ben Haran …"

„Du hast recht, es ist Micha, der Gelähmte. Da – sie schaffen es! Micha ist oben", ruft Debora aufgeregt. Doch Sulamith schüttelt den Kopf:

„Was soll denn das? Die werden ihn doch wohl nicht der Sonne aussetzen?"

„Unmöglich, es sind ja seine Freunde …"

Neugierig und betroffen verfolgen die beiden jede Bewegung dort oben auf dem Dach.

„Sie decken es ab!" ruft Debora.

„Verstehst du das? – Ah, sie decken das Dach ab, um von oben ins Haus zu kommen!" bekräftigt Sulamith das Erstaunen.

Das Gemurmel der Menschen vor Simons Haus nimmt zu, als sie sehen, daß die Freunde mit dem Gelähmten den ungewöhnlichen Zugang wählen.

„Warum haben diese Egoisten auch nicht Platz gemacht!" schimpft Debora, „wie kann man nur so beschränkt sein …?"

„Ja, Egoismus schränkt den Menschen immer ein … man wird blind für den anderen … ", antwortet Sulamith traurig. „Doch was muß wohl in Simons Haus vorgehen, wenn alles da hineindrängt?"

„Wir müssen näher herankommen!" sagt Sulamith und faßt Debora plötzlich bei den Händen: „Debora, der Rabbi ist hier, es kann nicht anders sein, der Rabbi ist in Simons Haus!"

In ihrer Erregung zieht sie Debora zum Eingang des Hauses.

„Dann sind dies alles Leute, die zum Rabbi wollen …? Jetzt versteh ich – deshalb der große Auftrieb, diese Menschenmassen!" flüstert Debora.

„Ja, sie alle erwarten von *ihm* ihre Heilung … "

Die Erregung der Menschen nimmt zu. Einige bücken sich und versuchen zwischen den Leuten durch die Tür hineinzublicken.

„Sie haben ihn heruntergelassen ...!" rufen die Leute in der vordersten Reihe.

„Wen denn?" drängeln die Hintenstehenden.

„Na – wen denn schon? Micha Ben Haran, den Gelähmten!"

Nun ducken sich die Leute noch tiefer, um irgend etwas zu sehen. Auch Debora und Sulamith versuchen, einen Blick in das Haus zu werfen. Ganz still ist es geworden. Jetzt hört man Laute aus dem Haus. Deutlich spricht eine Männerstimme:

„Euer Glaube, euer Vertrauen zu mir ist groß. So, nun laßt mich zu dem Gelähmten!"

Die Menschen werden jetzt noch stiller. Einer flüstert: „Jesus, der Rabbi, steht direkt vor der Bahre – jetzt ..."

„Pst, pst!" hört man von hinten. Und dann ganz deutlich wieder die gleiche Stimme von vorhin:

„Deine Sünden sind dir vergeben!"

Für einen Augenblick vergessen viele sogar das Atmen. In diese betroffene Stille hinein platzt der Protest einiger Theologen, die ebenfalls am Hauseingang stehen:

„Das ist Gotteslästerung!"

„Unerhört!"

„Wehe dem, der sich an Gottes Stelle setzt!"

„Nur Gott selbst kann Sünden vergeben!"

Das Schimpfen steigert sich zum empörten Schreien. An der Tür entsteht eine Bewegung.

„Ich glaube, die wollen Jesus festnehmen ...!" stößt Sulamith erregt heraus, „das wäre furchtbar – nicht auszudenken, was dann geschieht!"

„Meinst du wirklich? – Das kann ich mir nicht vorstellen."

„Vielleicht wagen sie es nicht, denn das Volk steht auf seiner Seite", beruhigt sich Sulamith wieder.

„Was sprichst du von Vergebung, Rabbi? – Der Mann will gesund werden ...!" ruft jetzt einer der Umstehenden.

„Ja, wir wollen gesund werden ...!" rufen viele, die ihre Enttäuschung kaum verbergen können.

„Ruhe! – Seid doch still!“ dringt es aus dem Haus.

Und da ist auch wieder diese Stimme:

„Was denkt ihr denn da? Mir geht es um den ganzen Menschen! Wenn der Leib gesund werden soll, dann ist es notwendig, auch die Seele zu heilen!“

„Hört euch das an …!“ sagt einer der Theologen und dreht sich mit gespielter Empörung dem Volk zu, „nun werden wir schon wieder belehrt …“

Von drinnen ist wieder die Stimme zu hören: „Erst wenn die Schuld beseitigt ist, die den Menschen von Gott trennt und ihn vom wahren Leben abschneidet, kann der ganze Mensch gesunden!“

Die Leute schieben sich nun noch stärker in das Haus hinein, um zu sehen, was mit Micha, dem Gelähmten, geschieht. Man hört die Stimme Jesu wieder:

„Wenn ihr einen Beweis dafür haben wollt, daß ich Vollmacht habe, die Sünden zu vergeben, dann hört gut zu!“

Debora drängt sich nun auch durch den Hauseingang, um diesen dramatischen Augenblick ganz nah mitzuerleben:

„Komm, Sulamith“, flüstert sie erregt, „jetzt geschieht es!“

„Steh auf, nimm deine Matte und gehe umher!“ ertönt die befehlende Stimme aus dem Raum. Und noch einmal: „Steh auf und gehe nach Hause zu den Deinen!“

Das Raunen schwillt an und wird zu einem vielstimmigen Murmeln. Dann rufen die Vorstehenden:

„Er steht auf! – Er kann tatsächlich gehen! – Seht her, Micha, der Gelähmte, ist gesund! – Macht Platz für Micha Ben Haran!“

Das Gedränge nimmt zu, die Menschen schieben sich zur Tür hin, drücken sich an die Wände und starren auf das Wunder. Da geht Micha zwar noch mit unsicheren Bewegungen, aber völlig ohne Hilfe durch das Zimmer. Dann dreht er sich der Tür zu und verläßt eilig das Haus.

„Bravo, bravo!“

„Das ist ungeheuerlich …“

„Unglaublich!“

„So etwas hat es noch nie gegeben!“

„Micha ist gesund ... Micha kann gehen ..."

„Jesus hat ein Wunder getan ..."

Die beiden Freundinnen starren dem wegeilenden Micha nach. Debora schüttelt den Kopf: „Ja, so etwas hat es hier noch niemals gegeben – so etwas habe ich noch nie gesehen!"

Als Sulamith nicht antwortet, blickt sie erstaunt auf. Doch Sulamith ist plötzlich verschwunden.

„Sulamith, Sulamith ..."

Debora findet die Freundin ganz nahe bei Jesus. Mitten im Raum steht sie und blickt ihn unverwandt an.

„So etwas hat es noch nie gegeben"

Hinweise zu Form und Inhalt:

In dieser Kurzgeschichte werden zwei Mädchen zu Zeugen eines Heilungswunders. Sie spiegeln in ihrem Erleben als Zuschauer die Einmaligkeit des Geschehens.

Auf diese Weise wird zuhörenden Kindern das Miterleben leicht gemacht.

Die Geschichte nimmt ihren Anfang außerhalb des Bibeltextes, weckt die Spannung des Unbekannten und führt erst nach und nach an die biblische Geschichte in ihrem Ablauf heran.

Die Spannung wird durch die kurzen Dialoge weitergetragen auf die Höhepunkte zu.

Wir können zwei *Höhepunkte* herausstellen:

1. Das Geschehen vor der Heilung: Wohin wird der gelähmte „Micha" gebracht? – Warum diese Umstände? – Was spielt sich dort im Hause des „Simon" ab?

2. Der ungewöhnliche Heilungsvorgang: Staunen und Protest der Miterlebenden; die Bestätigung der Vollmacht Jesu: „Micha" kann vor aller Augen gehen.

Als *Zielpunkt* kristallisiert sich heraus: Jesus heilt den Menschen in seiner Ganzheit. Es ist wesentlich, daß der Mensch dadurch in Ordnung kommt, daß die Entfremdung und das Getrenntsein von Gott aufgehoben wird. Erst dann ist er geheilt und wirklich heil.

Hinweise für das Erzählen:

Die Geschichte ist in der Gegenwartsform erzählt, damit das Erlebnis der „Gleichzeitigkeit" mit dem Ereignis besser gelingt.

Die Dialoge verlebendigen die Beschreibung. Sie sind aber nur als Beispiel gedacht und können ohne weiteres durch eigene Wortauswahl ersetzt werden.

Der biblische Bericht kann auch von „hinten" aufgerollt werden: Zum Beispiel von den Trägern her, die nachher noch beisammensitzen und das Geschehene diskutieren, oder von den Theologen ausgehend, die ihrem Gremium Bericht erstatten.

Man kann diese Geschichte auch sehr gut *spielen*. Dabei läßt sich auf die Äußerungen Jesu ganz verzichten, so daß er als Person nicht gespielt werden muß.

Das Geschehen wird von außen her („draußen vor der Tür") beschrieben. Wichtig ist es, daß die Personen Namen bekommen und daß der Ort der Handlung beschrieben wird.

Die Erzählung eignet sich für Jungscharler und Teenager.

Einer ist verschwunden

Eine Erzählung zu Johannes 5,1-16

Die Menschen drängten wieder heraus aus dem Wasser. Nicht zu glauben, wie die Behinderten die noch Gebrechlicheren schoben und zur Seite stießen!

Keiner wollte warten. Dabei hatten sie sich erst vor ein paar Augenblicken hineingestürzt. Sie rissen sich gegenseitig mit, rannten oder humpelten, so gut sie eben konnten, um die Wette auf die Mitte des Bassins zu, wo die Quellen am stärksten sprudelten. Gurgelnd und prustend rangen einige mit den Wellen, andere drückten die Stürzenden im Springen nieder – und wieder andere griffen ins Leere und gingen dabei selbst zu Boden. Ein auf und ab wogendes Menschengewühl. – Das war eben noch.

Doch nun das entgegengesetzte Hasten und Rennen zu den glitschigen Marmortreppen. Manche rutschten aus, suchten irgendwo nach Halt, stürzten aber unweigerlich neben den Stufen wieder ins Wasser zurück.

Unheimlich dabei aber war die Stille, in der sich das abspielte. Stumm sprangen die Menschen ins Wasser zur Quelle hin – und ebenso stumm wälzte sich der Strom wieder hinaus.

Was für ein Anblick des Grauens! Die ausgemergelten Körper in den nassen Laken und den triefenden Gewändern, die verzweifelten Augen! – Aber hier – nahe an der prunkvollen Marmorsäule, da lag doch eben noch ein solch erbärmliches Wesen. Jetzt war der Platz leer, nur einige Lumpen lagen herum.

Die Kranken breiteten ihre Matten wieder aus, die sie beim Aufspringen mitgerissen hatten, und versuchten, sich von ihrer Erschöpfung zu erholen.

„Wo ist der denn?" hüstelte ein grauhaariger Alter und deutete auf die freie Stelle im Schatten der Marmorsäule.

„Vorhin, bevor das Wasser sprudelte, sah ich ihn noch liegen ...", japste ein Dunkelhaariger mit scheelem Blick.

„Das ist ein Ding! Liegt – wie er oft sagte – 38 Jahre hier, und nun ist er plötzlich verschwunden ...", murmelte ein anderer aus seinem zahnlosen Mund.

Mühsam hob der graue Alte seinen Kopf und spähte zum Wasser hin. Sogleich aber ließ er ihn wieder kraftlos fallen:

„Ich seh' ihn nicht ..."

„Wieso denn auch? – Der war noch nie im Wasser!" rief einer von weiter hinten.

Ein zerbrechlich aussehender „Hautundknochen" schob seine Matte Ruck um Ruck näher. Er hob den zerfallenen Körper ein paar Zentimeter, dann schob er ächzend die Matte nach. Langsam schaffte er es.

„Habt ihr das gesehen ...?" fragte er lauernd. Doch niemand nahm Notiz von ihm.

„Habt ihr denn nichts gesehen?" wiederholte er beharrlich.

„Was denn?" fragte der Graue verächtlich. Niemand mochte den „Schleicher", wie sie ihn nannten, weil er immer mit einem Wunsch kam, den ihm die anderen erfüllen sollten. Einmal wollte er, daß man ihm den Rest Trinkwasser überließ, ein andermal sollte man ihm den Platz am Marmorgeländer abtreten – und dann wieder wünschte er mit dem Stock berührt zu werden, weil es ihn juckte.

Doch die anderen wurden nun doch das Opfer ihrer Neugier:

„Was weißt du denn? Was hast du denn schon gesehen?" fragten sie begierig und doch abweisend.

„Der ist gesund ...", sagte der Schleicher.

„Wer ...?"

„Der, auf dessen Platz du jetzt liegst!"

Der Dunkelhaarige mit dem scheelen Blick schielte zur Seite. Richtig, er hatte sich mit seiner Matte auf den Platz an der Marmorsäule geschoben.

„Der – gesund? Du willst uns wohl auf den Arm nehmen?!"

„Wie soll denn das zugegangen sein?"

„Ach, hört doch nicht auf den Sabbler …", der Zahnlose hatte sich erregt aufgerichtet.

„Er ist gesund! Ich sage euch, so ist es. Er ist gesund, kerngesund!" wiederholte der Schleicher.

„Hör auf zu lügen!" schrie erbost der Graue.

Hinter der Säule tauchte ein Kranker auf, dessen Magengrube eingesunken war wie der Krater eines Vulkans. Er ereiferte sich: „Es ist nicht zu glauben, weggelaufen ist der, als ob ihm niemals etwas gefehlt hätte …"

„So ist es … ", bekräftigte der Schleicher.

„Die Matte und seine Decken sind fort … ", sagte der mit dem scheelen Blick tonlos vor sich hin.

„Hach, das ist doch kein Beweis für Gesundheit! – Gestohlen hat man sie!" Einer mit selbstgebastelten Krücken blickte sich suchend um: „Morgen wirst du sie hier wieder finden", setzte er verächtlich hinzu.

„Mitgenommen hat er sie, auf Befehl", erwiderte der mit der eingesunkenen Magengrube. „Und weg war er."

„Auf Befehl? – Wieso?"

„War die Polizei hier?"

„Razzia …?" riefen die Kranken durcheinander. Ihre Augen funkelten wie Irrlichter. Der Schleicher genoß das Erstaunen und die Angst der anderen sichtlich.

„Ha, ihr habt *ihn* doch alle gesehen?! – *Der* hat es gesagt, ja, *der.* Und *der* hat ihn auch gefragt, ob er überhaupt gesund werden will!" setzte der Schleicher hinzu.

Nun erhob sich allerseits Gemurmel:

„Gesund?"

„Jeder will doch gesund werden … "

„Dumme Frage!"

Der Kranke mit dem tiefen Loch in der Magengrube atmete schwer, so daß sich die Rippen abzeichneten:

„So dumm ist die Frage nun auch wieder nicht. Da liegen doch einige hier herum, die rennen zwar stets zum Wasser – und bewegen sich auch sonst ganz famos –, doch keiner verläßt diesen Ort und macht Platz für andere!"

Die Kranken schrien durcheinander und nahmen drohende Haltungen an. Dies ging ja gegen sie alle. Das richtete sich gegen ihr Leben, so wie sie es nun mal lebten.

„Ach was“, schimpfte der Graue vor sich hin, „was geht mich das an. Jeder soll doch tun und lassen, was er mag. Ich jedenfalls will meine Ruhe haben!“

Auch die anderen ließen sich erschöpft auf ihre Matten zurückfallen, streckten Beine oder Arme in die Sonne. Den Kopf schoben sie in den Schatten des Marmorgeländers und dösten vor sich hin. Solch ein Geysirbad war jedesmal anstrengend – und nun noch diese Aufregung um einen verschwundenen Kumpel! Die Scharen der Pilger kamen erst gegen Abend, wenn die Sonne schon hinter dem Tempelberg versank. Erst dann gab es Almosen und einige Brotbrocken und Früchte.

Nur der Schleicher redete noch vor sich hin: „Hat ja recht gehabt. Wer will schon gesund werden, wenn er einmal hier liegt? – Und auf den Willen kommt es an. Ohne den Willen gesund zu werden, wird niemand gesund, ne, ne, da wird man nicht gesund ...“

„Was redest du da vor dich hin?“ maulte der Dunkelhaarige mit dem scheelen Blick, „ist er nun gesund oder nicht?“

„Ja, ja, er wird schon gesund sein, wenn er aufgestanden ist. Und das ist er. Weggelaufen, als hätte er nie hier gelegen. Der Rabbi muß seinen Willen in ihn hineingelegt haben ...“, antwortete der Schleicher.

„Das versteh’ ich nicht. Er hat also seine Sachen gepackt und ist davongelaufen?“

„Ja, genau so war es. Ich hab’ das doch gesehen. Zuerst hat er sich noch mit dem Rabbi unterhalten und behauptet, niemand hätte ihm jemals ins Wasser geholfen, wenn es sprudelte ...“

„Was ...?“ Der Zahnlose hatte sich blitzschnell aufgerichtet: „Der wollte doch überhaupt nicht ...“, zischte er, „mehr als einmal habe ich ihm die Hand hingestreckt, doch er blieb liegen.“

„Hör dir das an!“ schrie der mit dem scheelen Blick: „Ja, ja, als das Wasser wieder ruhig war, da hast du ihm hineinhelfen wollen! Hier ist doch keiner für den anderen da. Jeder denkt nur an sein eigenes Glück ...“

„Ist ja jetzt auch egal", sagte der Schleicher beruhigend und legte sich in den Schatten zurück: „Jedenfalls wollte er heute gesund werden – und siehste – da haste!"

Unter den Herumliegenden entstand noch größere Unruhe: „Hör dir das an ..."

„Wenn's nur so einfach wäre ..."

„Da kommt einer und schenkt dir Gesundheit ...", höhnte der Graue.

„Ich kann das alles nicht glauben. Seine Verwandten werden ihn weggeholt haben ...!" schrie der mit dem scheelen Blick.

„Ach, der hatte keinen Menschen, der sich nach ihm umdrehte", zischte der mit den selbstgebastelten Krücken.

„Genau wie wir alle", schlabberte der Zahnlose.

„Das stimmt nicht, sonst läge er ja noch hier!" ereiferte sich der Schleicher.

„Mich interessiert der Rabbi, der ihn mitgenommen hat, nur der ...", sagte ein Jüngerer mit einem zerquetschten Bein und versuchte mühsam aufzustehen.

„Ja, das ist's. Der interessiert, nicht das Drum und Dran!" sagte der Schleicher und erhob sich ebenfalls, so als wollte er nach dem Rabbi Ausschau halten.

„Hätte nichts dagegen, wenn er nochmals hierher käme. Weiß jemand Näheres von ihm?" fragte der Jüngere interessiert.

Der mit der vertieften Magengrube ächzte: „Doch, doch. Sie sagen Wunderdinge über ihn. Wer kennt ihn nicht? Er ist ein Zimmermann aus Nazareth."

„Ein Prophet ist er!" setzte der Schleicher hinzu.

„Erzähl noch mehr von ihm!" bestürmte der Jüngere den Alten und hüpfte am Geländer entlang auf den Schleicher zu. Auch die anderen schoben sich ihre Matten zusammen.

„Das Wasser! – Das Wasser kommt!" schrie es vom Bassin her. „Das Wasser!"

Doch keiner der Männer erhob sich, um in das Wasser zu stürzen. Sie saßen und lagen um den Mann herum, der keuchend von Jesus berichtete.

„Einer ist verschwunden"

Hinweise zu Form und Inhalt:

Die Erzählung folgt nicht dem Verlauf des biblischen Berichtes, sondern sie stellt die Kranken in ihrer Situation beschreibend dar.

Dann führt sie ohne Umschweife auf das besondere Ereignis hin: Einer ist verschwunden. Und nun wird das Geschehen von hinten aufgerollt. Es wird nach und nach deutlich, daß der Verschwundene geheilt ist.

Die Äußerungen von Erstaunen und Protest gegen die Unerhörte und Außergewöhnliche führen zu den Fragen: Wie wurde der Kranke gesund – und durch wen? Und damit sind wir am Ende der Erzählung, am *Zielpunkt* angelangt: Wer ist der, der den Kranken geheilt hat? Der „Jüngere" fragt zuerst nach ihm, aber dann sind auch die anderen Kranken betroffen und interessiert. Die Hoffnungslosigkeit und das Sichabfinden mit dem Schicksal werden ersetzt durch das brennende Interesse an Jesus.

Diese Erzählung ist als *Einstieg* zur anschließenden Betrachtung und Vertiefung des Bibeltextes gedacht. Sie führt zu folgenden zentralen Fragen:

Wer ist eigentlich Jesus? – Wie geht er mit den Menschen um? – Wie geschieht Seelsorge?

Er kennt den Menschen, er kennt seine Tiefe und damit auch das Unbewußte. Er weiß auch, mit dem Willen und den inneren Widerständen umzugehen. Er durchschaut die Motive und sieht die wirklichen Nöte.

Im Bibeltext erfahren wir von der Denunziation Jesu durch den Geheilten und erleben Jesu Warnung an ihn, es nicht bei der äußeren Heilung zu belassen. Es geht Jesus um die Willenswandlung des Menschen und die ganzheitliche, umgreifende Änderung, die ein Heilwerden des ganzen Menschen zum Ziel hat.

Hinweise für das Erzählen:

Die kurzen typologischen Kennzeichnungen der Redenden (der „Schleicher", der „grauhaarige Alte" und andere) helfen, daß der Zuhörer die Gestalten „plastisch" sieht. Solche kurzen und treffenden Kennzeichnungen von Personen empfehlen sich auch für andere Erzählungen.

Zu viele Situations- und Hintergrundbeschreibungen ermüden dagegen den Zuhörer und nehmen der Erzählung die Spannung.

Beim erzählenden Vortrag ist die *Körpersprache, die Mimik und Gestik*, besonders wichtig. Treffende Bewegungen untermalen zum Beispiel das „Sprudeln des Wassers", das „mühsame Aufstehen der Kranken", das „Sichvorankämpfen im Wasser". Die Mimik unterstreicht zum Beispiel die Verwunderung der einzelnen, ihre Verachtung, die Hoffnungslosigkeit, das Nichtglaubenkönnen und die keimende Hoffnung.

Man kann diese Geschichte lesen und erzählen, indem man die beschreibenden Teile erzählt und die Dialoge vorliest. Die direkte Rede läßt sich auch durch verschiedene Personen lesen oder sogar spielen.

Wird die Kurzgeschichte ohne Leseeinschübe ganz erzählt, dann empfiehlt sich die Vereinfachung der Dialoge. Man kann sie kürzen, straffen und dabei ohne weiteres eigene Formulierungen wagen.

Eine weitere Form der Verkürzung und Erhöhung der Spannung bietet sich an, wenn man auf die eingehende Beschreibung am Anfang verzichtet und gleich in den Dialog hineinspringt: „Wo ist der denn?" hüstelte ein grauhaariger Alter. – Dann müßte aber in einer kurzen Rückblende erklärt werden, warum die Männer hier liegen.

Die Geschichte bietet sich auch zum *Weitererzählen* an. Einige Zuhörer übernehmen die einzelnen Rollen der Redenden und führen nun die Erzählung im Sinne der dargestellten Personen fort. Sie werden evtl. von den übrigen Zuhörern und vom Bibeltext her korrigiert.

Was siehst du – Abraham?

Eine Erzählung zu 1.Mose 19,27.28

„Oh, möge ich doch niemals ankommen! Was schleppe ich meinen müden Körper durch die schattenlose Wüste, über die glühenden Steine hinweg immer höher hinauf – wo doch keine Hoffnung mehr ist?"

Leise, fast flüsternd seufzt der Alte, der sich mit letzter Kraft den Berg hinaufschleppt. Glutende Hitze läßt die Luft flimmern, und die Ferne ist verschwommen in Dunst und Nebel.

Mit den Augen zieht er sich hoch. Oben – vielleicht dort bei dem steilen Grat – wird der Berg den Blick freigeben in die weite Ebene.

Jetzt ruhen können, nur für einige Augenblicke ausgestreckt irgendwo im Schatten liegen können! – Ach, wozu die Qual? – Doch da ist nirgendwo Schatten. Die Sonne steht trotz der frühen Stunde schon hoch am Firmament. Sie wirft ihre sengenden Strahlen auf die ausgebrannte Erde und die verblichenen Steine.

Ja, überall nur Steine, Stein auf Stein, trostlose, feindlich abweisende Szenerie des Todes. Auch Steine können töten. Ihre zurückstrahlende Hitze trifft den Menschen an jeder Stelle seines Körpers, nichts bleibt da ausgenommen!

„Alles kann der Mensch sein, nur nicht Stein! Ich muß heraus aus diesem tödlichen Einerlei graugelber Lava!" sinniert der alte Mann und stöhnt vor sich hin.

„Ich muß ankommen, muß hinauf, um wieder absteigen zu können, wenn ich es noch schaffe!" haucht er. Für einen kurzen Augenblick hält er sich an einem Felsbrocken fest, bedeckt die Augen und schaut durch den schmalen Ritz hinauf zu jener Stelle, die den Blick freigibt.

„Weiter, weiter, noch ein paar Schritte! Berge den Kopf zwischen die Schultern und bedecke auch noch die Wangen, denn es verbrennt alles in diesem gnadenlosen Licht!"

Aber noch viel tiefer im Innern brennt ein Feuer, das nicht mehr verlischt. Vielleicht ist ja alles nur Täuschung, Traum oder furchtbarer Wahn – und nicht Wirklichkeit?

Der Alte schüttelt den Kopf. In ihm ist das Wissen, das mehr ist als ein dunkles Ahnen: Dort unten in der dampfenden Ebene findet die Auslöschung des Lebens statt.

„Oh, möge ich doch niemals dort oben ankommen!" seufzt er abermals vor sich hin. „Und doch werde ich ankommen müssen!"

Der alte Mann wendet den Kopf und blickt zurück. Dort hinten liegt sein Gefährte auf dem Boden. Er hält den Kopf mühsam in den Schatten des steilen Felsens.

Der Alte legt seine Hände trichterförmig an den Mund: „Bleib dort und zieh deinen Körper ganz dicht an den Felsen! Ich komme gleich zurück!"

Der Alte nickt mehrmals. Es ist besser so, denn die letzten Schritte sind die schlimmsten.

Von unten kommt keine Antwort. Der alte Mann schleppt sich noch einige Meter höher hinauf, kriecht dann zum steilen Abbruch hin, hält sich mit beiden Händen am grauen Felsgestein fest.

Da – der Blick! Der Blick hinab in die dunstverhangene Tiefe. Geschafft!

Unruhig suchen die Augen den Horizont ab. Fest heften sie sich an einen Punkt! „O Gott – so ist es doch geschehen!"

Sein Körper sinkt in sich zusammen, die Hände krallen sich in den Fels: „Ein letzter Funke der Hoffnung gab mir die Kraft, die Qualen des Aufstiegs zu ertragen. Doch nun ... nun ist alles vergebens."

Der alte Mann legt seine beiden Hände über die Augen, um durch den Dunst hindurch noch die Umrisse der großen Stadt zu erkennen. Wo ist sie, die berühmte Stadt des unbegrenzten Lebens? – Wo ist sie geblieben, die Stätte der Sehnsucht nach Freiheit und Ausleben? Jener Platz des rauschenden Glückes inmitten fruchtbaren Landes?

Der Alte schiebt seinen Körper noch ein wenig nach vorne und späht nach allen Seiten. Wahrhaftig, starker Rauch zieht über die weite Ebene und verdeckt selbst das große Meer. Und da – wo die stolzen Ansiedlungen sonst im Sonnenlicht gleißten – da ist nichts mehr. Nichts, nur der undurchdringliche Qualm kriecht über das zerstörte Land hin.

Der alte Mann sinkt in sich zusammen. Er kriecht schier in sich hinein. Schließlich wirft er sein Gewand über den Kopf und weint. Ohne aufzuhören weint er und stöhnt vor sich hin: „Weinen, weinen, weinen. Weinen ist das, was mir noch geblieben ist. Es ist das einzige, was ich als Opfer bringen kann. Weinen, nichts als weinen. Oh, mein Gott, nimm mein Opfer gnädig an!"

Und so liegt er in sich gekrümmt, um Jahre gealtert, wie versteinert im glutenden Sonnenbrand, bis schwaches Rufen herandringt: „Abraham, mein Vater Abraham – was ist dir? Ist dir etwas zugestoßen? Was versetzt dich so sehr in Schrecken und Gram?"

Der Begleiter hat sich ein wenig erholt und schleppt sich nun langsam nach oben.

Abraham, der alte Mann, erhebt sich mühsam, sieht in die tränenden Augen seines Knechts und zieht ihn an sich. Stumm und zitternd weist er hinab in die Tiefe. Seine Stimme versagt ihm den Dienst:

„Sieh – dort – Sodom ..."

Der Knecht hält sich an Abraham fest und blickt ebenfalls zitternd dorthin, wo einst die blühende Stadt im Sonnenlicht glänzte. „Und wenn alles vergeht – so bleibt doch Gott, unser Herr!" flüstert er.

„So ist es", antwortet Abraham. „Auch im Gericht bleibt er unser Gott, der Gott unserer Väter!"

Langsam – jeder den anderen stützend – steigen sie herab. Nur wenig spricht Abraham mit seinem Knecht. Die Trauer hat sich auf sie gelegt, die Trauer um Lot, seine Familie und viele Freunde, aber auch die Trauer über die Unbeugsamkeit der Menschen. Über des Menschen Herz, das alles andere, nur nicht den Ursprung des Lebens sucht – und damit alles verliert.

„Der Herr, unser Gott, richtet – und wer will es ihm verdenken?

Der Herr, unser Gott, erbarmt sich – doch wer sucht sein Antlitz?"

Der Knecht nickt zustimmend und hilft Abraham über die zerklüftete Furt des ausgetrockneten Baches, bis sie hinabkommen zu den Zelten, wo ihnen die Hunde entgegenspringen, um sie an das Feuer zu geleiten.

„Was siehst du – Abraham?"

Hinweise zu Inhalt und Form:

Diese beschreibende Erzählung versucht, den Zuhörer in die schrecklichen Ahnungen, Ängste und Befürchtungen des Abraham hineinzunehmen, wie sie in der Vorahnung des Untergangs von Sodom in ihm aufsteigen und sich bis zur schrecklichen Gewißheit im Anblick der raucherfüllten Ebene von Siddim steigern.

Im Verlauf der ungeheuren körperlichen Anstrengung des Aufstiegs nimmt das Gefühl für die Unabwendbarkeit des Schrecklichen zu. Die Vergeblichkeit des Fürbittens um Errettung zeigt sich im hilflosen Weinen über die verderbte, gottlose Menschheit. Abraham bittet Gott, sein verzweifeltes Weinen als Opfer für die gottlosen Menschen der Stadt anzunehmen. Er beugt sich unter das Gericht Gottes.

Hinweise für das Erzählen:

Die Erzählung „Was siehst du – Abraham?" stellt eine Meditation über die Bibelverse 1. Mose 19,27.28 dar.

Wer diese Geschichte liest, muß sich meditativ hineinversetzen.

Der Name „Abraham" wird bewußt erst sehr spät genannt, damit die Spannung erhalten bleibt.

Diese Erzählung ist für Jugendliche ab 16 Jahre und Erwachsene gedacht. Sie ist gut in einer Predigt zu verwenden.

Von der Geschichte ausgehend kann man die „Tragödie von Sodom" aufrollen. Mit der Thematik: „Stadt ohne Gott"; „Überall ist Sodom"; „Menschheit – wohin?" könnte man auf dem Hintergrund von „Gericht und Gnade" die Predigt oder die Diskussion aktualisieren.

Auf dem Prüfstand

Eine Erzählung zu Jona 4

„Heda, Fremder! Was starrst du immerzu in die Ferne? Was gibt's denn dort Besonderes zu sehen?"

Zwei vermummte Gestalten nähern sich dem Menschen, der da im Sand vor einer primitiven Hütte sitzt. Mühsam dreht sich der Angesprochene ein wenig in die Richtung, aus der die Stimme kommt, vermeidet aber, die beiden Beduinen anzusehen und blickt dann wieder schweigend in die vor Hitze flimmernde Luft über der Ebene.

„Du sprichst wohl nicht mit jedem?" Die beiden treten näher heran, legen die Hände über ihre Augen, um sie vor der Sonne zu schützen und spähen nun ebenfalls in die Ferne. Dorthin, wo die große Stadt liegt.

„Absolut nichts zu sehen …", meldet der Ältere mit dem gekrümmten Rücken.

„Hast du diesen Hundeverschlag selbst gebaut?" fragt der andere mit dem schwarzen Lippenbart. „Doch, was willst du hier überhaupt? Wo sind deine Tiere? Wovon lebst du denn?"

Der Mann, der im Schatten seiner kleinen Hütte sitzt, spricht kein Wort. Nur das leichte Zittern der Schultern zeigt seine Erregung.

„Es wäre besser für dich, du würdest hier verschwinden … Sieh dich vor! Wehe dir, wenn du Böses im Schilde führst!" Der Jüngere mit dem Lippenbart tritt drohend näher.

Da fährt der Fremde wie von einer Tarantel gestochen herum. Sein schmales, von Strapazen gezeichnetes Gesicht ist verfinstert: „Böses? Böses? Das ist es, genau das! Gehört ihr auch zu dem verderbten Volk in jener Stadt?" Sein zitternder Arm deutet zur Senke hin.

„Du meinst Ninive? Wir sind ab und zu dort im Basar, Datteln verkaufen und einiges Notwendige einkaufen. Ist teuer genug, und man gibt uns nicht viel für unsere Früchte – nach dem bekannten Motto: Nehmen ist besser als geben ... " Der junge Beduine spuckt einige Dattelkerne aus und wendet sich wieder dem älteren zu.

„Ein gottloses, verderbtes Volk lebt dort ... ", murmelt der Fremde und blickt unentwegt in die Ferne, „... hat keine Schonung verdient, nur das Strafgericht, die Katastrophe!"

Nun mischt sich der gekrümmte alte Mann ein. Bewegt tritt er vor den Fremden: „Sag dies nicht! Ungeheures ist geschehen dort in der Stadt ... Menschen und Tiere fasten, bedecken ihre Leiber mit Sackrupfen ... selbst das Königshaus tut öffentlich Buße ... alles ist total verändert. Ninive ist nicht mehr, was es war ... ein Wunder ist geschehen!"

Mit erhobenen Händen schwankt der Alte hin und her, als müsse er seine Worte selbst beschwören und ihnen dadurch Nachdruck verleihen.

Kopfschüttelnd erhebt sich der fremde Mann: „Ich weiß, ich weiß! Trotzdem erwarte ich das Gericht Gottes. Solche Wunder garantieren nichts!"

Der jüngere Beduine, wohl der Sohn des Gekrümmten, wird zornig: „Garantieren nichts, bringen nichts? – Hör gut zu: Wenn eine Riesenstadt wie Ninive Buße tut, Mensch und Tier, alt und jung, arm und reich, dann soll dies nichts bedeuten?"

Und der alte Beduine fährt fort: „Wenn sie nun gerechte Preise zahlen, nicht mehr betrügen ... wenn sie untereinander Frieden machen, unrecht erworbenes Gut zurückgeben, sich einigen und verstehen lernen – dann kann ich nur sagen: Gott, du großer, herrlicher, wunderbarer, ich danke dir!"

Nun stehen alle drei erregt vor der kleinen Hütte. Keiner achtet mehr auf die Hitze, aber um so heftiger fallen die Worte: „Und ich ging Tag um Tag – weit über die sechzig sind es gewesen – von Gat Hepher hinweg durch Wüstensand, über Berge, Steine und Geröllhalden, am Tag der sengenden Sonne ausgesetzt und bei Nacht der klirrenden Kälte, um dem Befehl Gottes zu folgen, Ninive das große Strafgericht anzusagen ... " Die bisher in sich versunkene Gestalt des Fremden bäumt sich zornig auf, fast drohend stößt er diese Worte hervor.

Mit immer größer werdenden Augen starren die beiden Beduinen in das Antlitz des Fremden: „Du bist also der Bote Gottes, von dem die ganze Stadt spricht?"

„Ja, ich bin der Knecht, nein, der Sklave. Freiwillig bin ich nicht nach Ninive gegangen, wahrhaftig nicht! – Und nun soll alles vergeblich sein? Nichts ... rein nichts passiert? – Wo ich mich sehen lasse, werden sie mich verspotten; lachen werden sie über mich ... meine Ehre ist dahin!"

Die Beduinen schütteln heftig die Köpfe: „Gerade das werden sie nicht tun; nein, niemals. Aber warum freust du dich nicht mit deinem Auftraggeber? Du hattest doch Erfolg, deine Sendung ist erfolgreich, besser hätte es gar nicht kommen können: Eine Riesenstadt gehorcht deinem Gott und ändert sich. Unglaublich!"

Doch auf Jona, den Fremden, machen diese Worte keinen Eindruck. Mit grimmiger Gebärde blickt er hinüber zur Stadt. Dort haben sich dunkle Wolken aufgetürmt. Über den Häusern liegt eine fahlgelbe Helligkeit. Alle drei sehen wie gebannt dem seltsamen Schauspiel zu. Blitze zucken, und das Rollen und Grollen des Donners wird immer stärker. Kommt nun doch noch das Gericht Gottes? Auch die Beduinen sind unruhig geworden.

„Mir scheint, du wartest auf die Katastrophe, damit *du* Recht behältst ... ", sagt der Jüngere mit belegter Stimme. „... Aber so ist Gott nicht. Er behält immer das letzte Wort. Doch legt er sich nicht fest, wie wir Menschen es tun. Er ist barmherzig gegen jedermann, der auf ihn hört!"

„Ja, ja, barmherzig ist er, ja, und von großer Güte gegen jedermann. Wem sagst du das? Aber gerade dies ist es, was ich nicht verstehen kann", antwortet Jona trotzig.

„Sagen wir *will*, nicht wahr? Was du nicht verstehen *willst* ... Bei dir liegt es, bei dir allein."

„Aber Gott kann doch nicht mit sich selbst in Widerspruch geraten, er kann doch nicht den eigenen Plan aufgeben ...?"

Jona ist immer leiser geworden. Nahezu zögernd bringt er diese Worte hervor. Etwas unsicher geworden blickt er von einem zum andern.

„Wenn jemand einen freien Willen hat, dann Gott. Und warum sollte er nicht etwas zurücknehmen, zumal wenn die Menschen von ihrem bösen, falschen Weg umkehren? Das müssen wir ihm schon überlassen!" Der ältere Beduine hebt wieder seine Hände empor, als wolle er Gott selbst um Zustimmung zu seinen Worten bitten.

Jona antwortet nicht mehr. Auch die beiden Beduinen schweigen nun und rüsten sich zum Aufbruch. Drüben über der Ebene ist es wieder heller geworden, die schweren Wolken verziehen sich. Es liegt Abendfrieden über der Landschaft.

„Auf dem Prüfstand"

Hinweise zu Form und Inhalt:

Thema: Der große Gott und der kleine Mensch. Diese Einstiegsgeschichte zu Jona 4 geht von Vers 5 aus und beschreibt das Aufbäumen des menschlichen Herzens, das sich verdrossen und zornig gegen Gottes Heilsgedanken und sein souveränes Handeln wendet. Dieses „trotzig und verzagte Ding" kann nicht begreifen, daß Gottes Gedanken anders sind als die unseren, daß sein Herz größer ist als das unsere.

Gott legt sich nicht fest, er „reagiert" auf des Menschen Antwort, die seinem Ruf zu Umkehr entspricht. Nicht nur die Erwählten, auch die anderen erfahren seine Güte und Barmherzigkeit (Joh. 3,16; 1. Tim. 2,4). Gottes Gerechtigkeit entspricht nicht unseren Vorstellungen und unserem Willen. Jona muß lernen: Gottes Heilsplan schließt auch die Heiden mit ein.

Hinweise für das Erzählen vor Erwachsenen und Jugendlichen:

Diese Geschichte hat wenig Handlung und keine dramatischen Höhepunkte. Deshalb sollten die Dialoge sehr lebendig dargeboten werden. Man kann dies durch eine abgehobene, sehr unterschiedliche Redeweise (Tonfall, Tempo: stockend, flüssig) erreichen. Dazwischen „schaut" der Erzähler selbst in die imaginäre Ferne, hinein in das Flimmern über der

Ebene. Sein Beschreiben darf dann über kurze Passagen hinweg auch „beschaulich" sein.

Diese Kurzgeschichte sollte man mehrfach lesen und besonders die Dialoge (direkte Anrede) üben. Auch bei dieser Erzählung gilt: die Dialoge können selbstverständlich verändert werden, länger, kürzer, andere Worte – wie es einem beim lebendigen Darstellen so zufällt.

Gerade bei dieser Geschichte ist es besonders wichtig, daß man gut in den Text hineinlauscht, um sie bildhaft erlebnismäßig tief zu erfassen und dann auch erzählen zu können.

Rebellion in der Wüste

Eine Erzählung nach 2. Mose 16

Unruhig wälzt sich Enos auf seinem Lager. Bitterkalt ist die Nacht, und ihn friert am ganzen Körper. Er versucht, sich enger in die Decke zu rollen und stülpt auch noch einen Teil der Matte über sich, auf der er liegt. Doch die Wärme des Tages, die aus seinem Körper entwichen ist, kommt nicht mehr zurück.

Es muß doch bald Morgen sein?

Da dringen merkwürdige Geräusche an sein Ohr. Was ist in den Zelten los? Ganz deutlich sind einzelne Worte zu hören: „Fleisch ... Fleisch ...!"

Das dumpfe Schreien steigert sich zum lauten Gebrüll: „Wir haben Hunger ... wir wollen Fleisch ... Wir haben Hunger ... wir wollen Fleisch!"

Enos lauscht den Sprechchören mit gemischten Gefühlen. Wird die Unzufriedenheit in offenen Aufruhr ausarten?

Dann blickt er um sich. – Das kann doch wohl nicht sein? Das Zelt ist leer. Und niemand hat ihm ein Zeichen gegeben? Zurückgelassen?

Ihn allein? – Nein, doch nicht! Dort drüben, zwischen den Dekken und dem übrigen Marschgepäck, liegt noch ein Menschenbündel. Das muß Peleg sein.

Enos schreit: „Peleg, Peleg! – So hör doch, Peleg! Sie sind fort, alle sind weg, nur wir beide ..."

Peleg kommt nur mühsam zu sich.

„Hörst du? – Sie schreien nach Fleisch!"

Man hört wieder den vielstimmigen Chor: „Wir wollen Fleisch, anständige Verpflegung, keine Sprüche mehr!"

Andere antworten: „Gebt uns, was uns zusteht: Wir wollen Fleisch, Fleisch!"

Enos springt zum Zelteingang und blickt hinaus. Vom Lagerplatz steigt leichter Nebel auf, der Tau verdunstet.

Verschlafen antwortet Peleg: „So geht das nicht weiter!"

Enos schüttelt den Kopf, richtet sich schwerfällig auf und tappt zum Nachbarzelt hinüber. Dort sind die Wortführer der Wehrmannschaft versammelt. Bei ihnen macht sich die gleiche Unzufriedenheit Luft: „Unsere Frauen machen das nicht mehr länger mit. Sie haben recht mit ihrer Klage! Was sollen sie uns zubereiten, wenn nichts im Topf ist?"

„So ist es ..."

„Hat man uns hierhergeführt, damit wir nun elend zugrunde gehen?"

„Niemals ...!"

„Das lassen wir mit uns nicht machen ...!"

Enos wendet sich ab und nähert sich den Zelten der Frauen. Auch hier kommen ihm klagende Laute entgegen: „Wären wir doch in Ägypten gestorben. Besser dort, als in dieser gottverlassenen Wüste hier!"

Enos erschrickt. Vor einigen Tagen noch feierte man einen Dankgottesdienst. Das ganze Volk hatte in das Loben eingestimmt; ein einziger Jubel, ein Jauchzen und Singen war das. Und nun diese erbärmlichen Töne?

„Das kann nicht so weitergehen, das darf nicht sein!" sagt er mit fester Stimme. Und noch lauter ruft er: „Hört zu!" – Hört ihr Brüder, ihr Gefährten und ihr Frauen! Dies ist Verrat! Verrat an Gott, der uns niemals verlassen hat. Täglich begegnet er uns als der Erbarmer und Helfer. Wir leben doch noch, auch wenn uns der Magen knurrt. Wir leben und haben wahrlich genug zu danken!"

Die letzten Worte gehen unter im Geschrei der Empörung. Alles brüllt wild durcheinander.

Erschreckt und betroffen kehrt Enos zu seinem Zelt zurück. Sind das die Kinder Israels, wie sie sich selbst so gern nennen? Und er? Gehört er noch zu ihnen?

„Das hat keinen Sinn, gegen die Masse kommst du niemals an!" belehrt ihn Peleg. „Laß sie schreien; sie hören auch wieder auf!"

Damit legt er sich auf die andere Seite und versucht zu schlafen.

Doch Enos findet keine Ruhe mehr. Was werden Mose und Aaron unternehmen? Vielleicht klingt die Erregung im Volk auch wieder ab, wenn nachher die Früchte ausgeteilt werden …

Aber die Lage spitzt sich weiter zu. Immer heftiger werden die Anklagen und lauter das Schreien: „Ihr gebt uns Futter für die Tiere; wir aber wollen Fleisch!"

Schon hört man hier und da einzelne Stimmen, die eine Bestrafung für Mose und Aaron verlangen: „Weh euch, Mose und Aaron! Ihr habt uns hierhergeführt, damit wir umkommen sollen. Ihr Verführer!"

Enos rafft sich auf und will aus dem Zelt springen. Doch da ist schon Peleg hinter ihm her und zieht ihn zurück: „Bleib hier, wenn dir dein Leben lieb ist! Sie werden sich an dir vergreifen, weil sie es noch nicht wagen, Mose und Aaron zu fassen – noch nicht!"

Enos sinkt erschöpft nieder. Ja, wahrscheinlich haben die Männer ihn und auch Peleg bereits auf die Abschußliste gesetzt, als sie gestern nacht heimlich das gemeinsame Schlafzelt verließen.

Im Lager ist es ruhiger geworden.

„Sieh mal nach", flüstert Enos, „da muß doch etwas Ungutes vorgehen!"

Peleg späht nach allen Seiten: „Ich kann nichts feststellen. Halt, jetzt seh ich es: Sie sammeln sich vor den Zelten von Mose und Aaron!"

Enos springt erregt auf: „O Gott, sie werden doch nicht das Schlimmste tun und sich an den Männern Gottes vergreifen!"

„Ruhig, pst!" winkt Peleg ab. „Mose spricht selbst!"

Tatsächlich! Laut aber ruhig spricht Mose zum rebellierenden Volk: „Was hat euch Gott getan? – Euer Widerstand richtet sich ja nicht gegen uns, sondern gegen den Gott Israels, gegen den Heiligen selbst! Ihn wollt ihr zum Schuldigen stempeln. Dabei hat er sein Volk mehrfach aus den Händen seiner Feinde gerettet. Wie töricht und undankbar handelt ihr! Könnt ihr denn nicht warten, bis er uns weiterhilft?"

Nun liegt Schweigen über der Menge. Schon will Mose sich seinem Zelt zuwenden, da beginnen die Jüngeren wieder zu murren.

„Schweigt!" ruft nun Aaron mit befehlender Stimme.

Mose wendet sich wieder dem Volk zu und spricht beruhigend:
„Wartet doch ab! – Heute abend werdet ihr euren Hunger stillen können. Und morgen wird auch Brot für euch da sein!"

Zunächst unterdrückte Laute steigern sich wieder zum Gebrüll:

„Fleisch, Fleisch, Fleisch ...!Wir wollen Fleisch!"

„Kannst du verstehen, was Mose jetzt antwortet?" fragt Enos.

Beide lauschen angestrengt. Doch man versteht nur einzelne Worte: „Herrlichkeit ... Gott Israels ... "

„Sie kommen zurück!" seufzt Enos vor sich hin. „Am besten, wir verhalten uns ganz still!"

„Auf keinen Fall dürfen wir sie jetzt reizen ... ", antwortet Peleg und macht sich an den Zeltplanen zu schaffen.

Wortlos legen sich die Männer auf ihr Lager. Die Frauen richten draußen die Feuerstellen her. Doch es ist nichts da, was sie zubereiten können.

Und so vergeht auch dieser Tag.

Als die Sonne hinter dem Horizont verschwindet, kommt wieder die Verzagtheit und der Zorn über die Menschen. Der Hunger meldet sich ohne Erbarmen. Und die Dämmerung senkt sich über die Zelte und begräbt alle Hoffnung.

Enos und Peleg sitzen hinter dem Zelt und blicken zu den Felsen hoch, als ob von dort her Hilfe kommen könnte. Es ist täglich ein bezauberndes Schauspiel, wenn die Sonne ihre letzten Strahlen über die Berggipfel sendet.

Da – ein Schrei – und noch einer: „Fleisch, Fleisch!" Doch das klingt anders als bisher – verwundert, erstaunt, freudig, begeistert!

In den Zelten fahren die Männer aus erschöpftem Schlummern hoch; Frauen lassen alles stehen und liegen und stürzen hinaus; Alte reißen ihre Augen weit auf, und alles lauscht.

Auch Enos springt auf und reißt Peleg mit: „Komm!"

Aus allen Zelten strömen die Menschen. Sie schreien und deuten in die Luft.

Wie ein lustiges Spiel mutet es an. Männer und Frauen, Kinder und Greise hüpfen hoch, springen zur Seite, bücken sich, greifen nach links und nach rechts, fallen nieder, stehen wieder auf und rennen im Kreis herum. Es sind die unsinnigsten Bewegungen, die man sich denken kann.

Und schließlich erkennt man auch, daß die ausgestreckten Hände tatsächlich etwas greifen. Sie legen es nebeneinander in Reihen vor jedes Zelt. Niemand zählt, doch jeder greift zu und legt es dann vor sich.

Und immer mehr Fleisch kommt geflogen. Es sind Schwärme von Vögeln, die durch das Lager und sogar in die offenen Zelte hinein fliegen. Es nimmt kein Ende.

Erst als die Finsternis sich völlig über das Lager legt, hört der Flug der Wachteln auf.

Nun brennen überall die Feuer, und die Menschen sitzen friedlich um die Feuerstellen und stillen ihren Hunger.

Auch Enos und Peleg setzen sich zu den anderen.

Friede liegt über dem Lager und Wohlwollen. Niemand sieht darauf, was der andere ißt, jeder hat genug.

Da stimmt einer der Priester den Lobgesang an: „Höre, Israel, der Herr, dein Gott, hat Wunder getan …"

Ach, ist das ein Fest! So gut hat Fleisch noch nie geschmeckt! Die Männer bringen das kühl gelagerte Wasser in den Schläuchen und reichen es herum.

Spät erst kriechen die Menschen in ihre Zelte. Bald ist nichts mehr zu hören als die regelmäßigen Schlaftöne und die Schritte der Wachen.

Doch kaum ist der neue Morgen da, vernimmt man erneut Stimmengewirr. Enos weckt Peleg. Beide heben die Zeltplane und blicken hinaus.

„Die Frauen, es sind die Frauen …", flüstert Peleg. „Ihre Stimmen klingen heiter und erregt."

„Noch ein Gotteswunder?" fragt Enos.

Da kommt eine Frau nahe am Zelt vorbei. Ihr Korb ist gefüllt mit einer weiß-gelblichen Masse.

„Was ist das?" fragt Peleg neugierig.

„Ja, was ist das? Wenn wir es wüßten – was kann das nur sein?" antwortet die Frau, und die anderen stimmen ein: „Man-hu – Was ist das?"

Enos und Peleg springen auf und eilen hinaus.

„Ja, kommt alle aus den Zelten! Das ‚Man-hu‘ liegt überall, ihr braucht es nur aufzulesen!"

Unsicher starrt Enos auf die Körbe. Was ist das nur? Das sieht merkwürdig aus. Handtellergroße Scheiben ähnlich den Schwämmen liegen übereinander geschichtet.

Nun rennen die Männer um die Wette. Jeder will dieses „Man-hu" versuchen. „Holt eure Körbe und sammelt selbst ein!" rufen die Frauen.

„Brot, Brot! Das ist Brot!" schreien die Jungen, werfen die Scheiben in die Luft und fangen sie wieder auf. „Brot ... Brot ...!" ruft es überall.

Und nun beginnt ein Sammeln um die Wette. Aus allen Zelten kommen die Menschen gelaufen. Sie sammeln und sammeln, was für sie auf dem Boden liegt.

Von Moses Zelt her tönt die bekannte Stimme: „Versammelt euch hier, ich habe euch Wichtiges zu sagen!"

Die Sammler folgen dem Ruf zögernd. Immer wieder bücken sie sich und füllen die Körbe.

„Nehmt nur soviel mit, wie ihr wirklich essen könnt!" ruft Mose. „Und laßt nichts davon übrig, weil es leicht verdirbt!"

Enos trifft beim Auflesen wieder mit Peleg zusammen. „Verstehst du das?" fragt er den Freund. „Gestern die frischen Wachteln, das hochwillkommene Fleisch – und heute das Brot, das ebenso gut schmeckt?!"

Beide gehen zum Zelt zurück: „Ja", antwortet Peleg, „Gott beschämt uns mit seiner Güte. Täglich lerne ich ihn besser kennen! – Und ist dies nicht das größte Geschenk, daß er sich uns auf diese Weise zu erkennen gibt?"

„Du magst recht haben! – Und daß er das alles für uns tut, gerade für uns, die wir wirklich keine Zuwendung verdient haben?!"

„Das stimmt. Gott liebt dieses Volk, auch wenn wir es nicht verdient haben", sagt Peleg traurig.

„Ja, wenn ich an die Rebellion von gestern denke, dann könnte ich weinen ..."

„Oder zornig werden ..."

„Und doch hat es mich verändert, dieses Wissen, daß Gott sich trotz allem über uns erbarmt. Es hat mich in meinem Wesen geändert ...", sagt Enos leise vor sich hin. „Vielleicht wird es auch unser Volk verändern. Gott gibt die Hoffnung nicht auf, das haben wir soeben erlebt, Enos! – Und dann wollen wir unsere Brüder auch nicht aufgeben!"

Beide tragen ihre vollen Körbe zur Feuerstelle, wo die Frauen mit den Gewürzen, die sie aus Ägypten mitgebracht haben, leckere Fladen backen.

„Sieh, wie fröhlich die Frauen sind!" bemerkt Enos.

„Auch das verdanken wir der Güte Gottes", setzt Peleg verschmitzt hinzu.

„Rebellion in der Wüste"

Hinweise zu Form und Inhalt:

Diese Geschichte folgt dem Text der Bibel genau in der Reihenfolge der beschriebenen Ereignisse.

Sie wird dadurch zur Erzählung, daß zwei Personen, „Enos" und „Peleg", die Geschehnisse persönlich erleben und auch deuten. Als Betroffene bilden sie den „Vordergrund" für das, was um sie herum und im Hintergrund geschieht: Unzufriedenheit, Undankbarkeit, Ungehorsam, Anklage gegen die Männer Gottes und Gott selbst, Rebellion – und die Wende der Not durch überraschende Hilfe.

Das Erleben und das Nachdenken über diese Ereignisse führen zum Erkennen: Gott offenbart sich in der Geschichte des Volkes Israel und erschließt in dieser Geschichte des Heils zugleich sein Wesen. Das bewirkt die Wandlung der Menschen. Der *Zielpunkt* dieser Erzählung deutet es an. Noch betrifft es erst die Freunde, doch dem ganzen Volk steht diese Möglichkeit offen – und damit auch der Menschheit und hier konkret dem Zuhörer heute.

Das Zugehen auf die verschiedenen *Höhepunkte*: Rebellion – unerwartete Hilfe (1. Wunder) – weitere Hilfe (2. Wunder) ermöglicht die Spannung, die kurzen Dialoge der Freunde die Entspannung.

Der *Zielpunkt* tritt am Schluß hervor: Die Vorwegnahme der Wandlung des Volkes im Erkennen und Erfahren der beiden Freunde.

Hinweise für das Erzählen:

Die Gegenwartsform soll die Erzählung dem Hörer noch näher rücken und die Spannung erhöhen.

Die dramatischen Augenblicke werden durch die Rufe nach „Fleisch" und die Sprechchöre verstärkt vermittelt. Man kann bei Kindern ganze Sätze oder einzelne Worte im Chor nachrufen lassen, muß aber zugleich darauf achten, daß nicht zuviel Unruhe entsteht, weil die besinnlichen, nachdenklichen Partien der Erzählung sonst nicht zur Geltung kommen. Diese Erzählung eignet sich für Kinder und Jugendliche bis 14 Jahre.

Die entscheidende Stunde

Eine Textdarstellung von Johannes 1,35-42

An einem leuchtend hellen Tag im „Adar", dem sonnigen Monat März, wo noch in der Frühe des Morgens die Tiere vor Kälte zittern, es aber dann zum Mittag hin so heiß wird, daß sich in den Schatten der Feigenbäume drängen – da geschah es.

Im „Ghor", der Ebene des Jordans vor der Einmündung in das Salzmeer, legt sich die Luft so drückend, nahezu erstickend auf Menschen und Tiere, daß jeder sich beeilte, durch die Jordanfurt zu kommen. Sehnsüchtig blickten die Menschen hinüber zu den Quellen hinter den sandfarbenen Hügeln, die im Flimmern der heißen Luft hin und her tanzten.

Und gerade dort an der Furt, am Nachmittag, etwa um die zehnte Stunde, traf es zwei Menschen mitten ins Herz. Keine Todesschüsse, nein, kein Verbrechen, kein Überfall – und doch ein tiefgreifendes, lebenbestimmendes Ereignis.

Was geschah dort? Zwei junge Männer, einer davon fast noch ein Knabe, waren mit vielen anderen zur Furt geeilt, weil sie gehört hatten, daß ein in Tierfellen gekleideter Wanderprediger mit solcher Dringlichkeit und Macht zu den Menschen sprach, daß sie zu Hunderten zu ihm strömten, um seine Botschaft zu hören. Viele ließen sich im lehmigen Wasser des Jordans untertauchen, weil er es so gebot.

Auch die beiden Freunde hatten sich taufen lassen und waren dann bei dem Prediger geblieben. Selbst in der brütenden Hitze des Nachmittags standen sie in unmittelbarer Nähe, damit ihnen kein Wort seiner Rede entging.

Plötzlich verstummte der Redner. Mit ausgestreckter Hand deutete er auf einen vorübergehenden Mann: „Seht dort ...", bewegt rief er es. ... dort – das Lamm Gottes, das die Sünden der Menschen wegträgt!"

Eine fast atemlose Stille legte sich über die Menge. Droben über dem Kamm der Bergkette verschwand soeben die Sonne hinter den Felszacken. Ein leichter Wind erhob sich und streifte sanft die Gesichter der Menschen.

„Ist das nicht derselbe Mann, auf den der Geist Gottes herabkam, während er sich taufen ließ?" flüsterte der Jüngere dem anderen zu.

„Du magst recht haben ... etwa sechs Wochen sind es her ... Und er soll es sein, von dem der Prophet sagt, daß er die Schuld der Welt auf sich nimmt?"

Der Jüngere nickte heftig: „Ja, der Messias, den wir sehnlich erwarten, der unser Volk aus dem Elend führt ... Komm, Andreas, laß uns zu ihm gehen!"

Und ohne ein weiteres Wort zu verlieren, folgten sie dem Unbekannten, der nun den Talweg einschlug. Plötzlich blieb er stehen, drehte sich um: „Was sucht ihr?"

Ebenso schlicht, aber innerlich tief bewegt entgegneten sie: „Rabbi, Lehrer, wo bist du zu Hause?"

Und dann fielen die spärlichen Worte: „Kommt und seht es!"

Aber was war da zu sehen? Eine Lagerstätte irgendwo in einem Wadi, in einer Höhle oder unter freiem Himmel? Er, Jesus, der noch Unbekannte, hatte keine feste Bleibe. Soeben der Versuchung entronnen, war er auf dem Weg zurück nach Galiläa. Doch um die Behausung ging es den beiden ja nicht. Sie wollten das Leben mit ihm teilen, unmittelbar in seiner Nähe sein.

Die Freunde sahen sich an. Beide spürten: Dies ist die göttliche Stunde, der „kairos", jener Augenblick, in dem Gott handelt, in dem er mitten in ein Menschenleben greift. Hatten sie im Antlitz dieses Mannes nicht Gott selbst angeschaut, in der zehnten Stunde, nachmittags um vier Uhr? Johannes, der Jüngere der beiden Freunde, hat dieses Ereignis nie vergessen. Im hohen Alter wußte er noch genau die Stunde und bezeugte sie in seinem Evangelium. Beide Freunde verspürten hier die unmittelbare Berührung in der Tiefe ihrer Seele, mitten im Herzen: Jetzt waren sie am Ziel ihrer Sehnsucht angelangt, ihr Dasein hatte sich mit Sein gefüllt, das Vergängliche mit Ewigkeit.

Nun gab es nur eines: das empfangene neue Leben zu bezeugen, die frohe Botschaft weiterzugeben. Bald darauf trafen sie Simon, den Bruder des Andreas. Mit brennendem Herzen riefen sie ihm zu: „Wir haben den Messias gefunden!" Das angefachte Feuer sprang von einem zum anderen, erfaßte Nathanael, Philippus und viele andere.

„Komm und sieh!" Diese Einladung ging weiter durch alle Zeiten bis zur heutigen Stunde. Auch dich kann sie zur entscheidenden Gottesstunde führen. „Komm und sieh!"

„Die entscheidende Stunde"

Hinweise:

Diese Textdarstellung eignet sich als Einstiegserzählung für eine Predigt oder Andacht bzw. als besinnliche Ansprache mit evangelistischer Tendenz.

Der göttliche „kairos" in der Begegnung mit Jesus Christus und im Ruf zur Jüngerschaft kann und darf zum persönlichen und nachvollziehbaren Erlebnis werden, ähnlich wie das die Jünger erlebt und bezeugt haben.

Deshalb erübrigt sich eine anschließende Diskussion, es sei denn, daß es zum persönlichen Gespräch kommt.

Das „Ausmalen" der damaligen Situation und der dortigen Landschaft kann gekürzt werden oder auch anders erfolgen. Wichtig ist auch hier das Hineinnehmen der Zuhörer in das Heilsgeschehen und die besondere Stunde, in der es offenbar wurde.

Die *Schwarze Hand* gibt auf

I

„Da ... "

„Und hier ... "

„Dort am Fußballtor!"

Überall war sie zu sehen: die Hand, die schwarze Hand.

„Es werden immer mehr", ereiferte sich Hanno, „vor acht Tagen gab es nur die hier ... " Er deutete auf ein besonders eindrucksvolles Exemplar am Hauseingang.

Die Jungen von der Gruppe „Walnuts" entwickelten beste Detektiveigenschaften. Bill untersuchte die Spuren am Türschloß, und Super verglich die Fingerabdrücke am Fenster mit denen am Fußballtor.

Einige waren schon die Treppe zum „Fuchsbau" hinuntergerannt, um die Gruppenbude zu inspizieren. „Hierher! Kommt schnell! Oh weh, o weh ... ", tönte es dumpf aus dem Keller.

„Was'n los?" schrie Bill aufgeschreckt.

Was los war, sahen bald alle, die hinzustürzten und entsetzt in das Tohuwabohu starrten.

„Oh, das ist gemein ... "

„Grausam!"

„Was haben die mit unserem ‚Fuchsbau' gemacht?"

„Rache den Verbrechern!"

Die Schreckensrufe verstummten und machten bitterer Ironie Platz: „Wir hatten einmal einen tollen ‚Fuchsbau' – jetzt haben wir einen kompletten Schweinestall!" zischte Hanno wütend.

Drohungen und Verwünschungen wechselten sich ab, bis Spatz, der Jüngste der Gruppe, die Weisheit von sich gab: „Das war niemand anderes als die ‚Schwarze Hand'!"

„Hach, wer denn sonst?" schrie Bill aufgebracht. Dabei packte er einen halb zerschlagenen Stuhl und schwenkte ihn drohend über dem Kopf.

Andere zogen die abgerissenen Tapeten vom Fußboden hoch und versuchten, die Matratzen unter dem Stapel von Bänken, Stühlen und Tischen hervorzuziehen. Durch die zerbrochenen Scheiben pfiff der Wind. Überall lagen Steine, faules Obst und der übrige Dreck von Abfallkörben verstreut auf dem Fußboden.

Die halbe Gruppe stand noch untätig herum und starrte auf das Chaos.

„Denen werden wir es zeigen!" schrie Hanno und griff wutentbrannt mitten in den Möbelstapel hinein, der unter den kräftigen Armen zusammenstürzte.

Dann kauerten sie lange auf den Matratzen und diskutierten das eine Thema: „Wer verbirgt sich hinter der ,Schwarzen Hand'? Was für Absichten verfolgt sie? – Und wie kann man ihr die Schandtaten heimzahlen?"

Über das Wie war man sich rasch einig, doch noch kannte niemand den Gegner.

Hanno, der Leiter der Gruppe „Walnuts", hatte Wachen eingeteilt. Vier Jungen wachten im „Fuchsbau" und in den übrigen Räumen des Jugendheimes. Zunächst machte das Biwakieren Spaß. Doch als sich weiter nichts ereignete, verlor man allgemein die Lust.

Eines Tages waren frische Spuren da. Die „Schwarze Hand" prangte an Plakatsäulen, sogar an Straßenbahnen und an verschiedenen Häusern der Vorstadt.

„Paßt auf, es steht eine neue Aktion bevor!" warnte Hanno und teilte die Wachen wieder genau ein.

Doch es kam total anders. Die „Schwarze Hand" stellte sich höchstpersönlich vor. Wie das? Nun ja, das ist die eigentliche Geschichte.

II

Es ist bereits nach 22 Uhr. Hanno sitzt noch am Schreibtisch in seiner Wohnung und hantiert mit Lineal und Winkel herum. Die Mathematik kommt meistens erst spät am Abend dran.

Auf einmal klopft es.

Hanno überhört das und arbeitet weiter.

Da – es klopft wieder.

Nun springt er auf, geht zur Tür – doch es ist niemand da. Verrückt! Es hat doch wirklich geklopft?! Oder sind das irgendwelche Geräusche in seinem Kopf?

Doch da klopft es wieder. Nun springt er mit drei Sätzen zur Tür, reißt sie auf, starrt die Treppe hinunter. – Da ist wieder keiner. Oder doch? Er sieht gerade noch die Finger einer bleichen Hand.

„Halt! – Wer ist da?"

Nur ein unterdrücktes Husten tönt von unten herauf.

Nun rast Hanno hinunter, sieht durch die offenstehende Haustüre gerade noch die Umrisse einer Gestalt um die Ecke verschwinden. Wie kam der Kerl nur ins Haus hinein? – Nachsetzen? Hanno entscheidet sich fürs Abwarten.

Vorsichtig späht er die Wände ab. Nirgendwo ist ein Zeichen, keine Hand, nichts.

Er schließt die Haustüre ganz leise und geht zögernd wieder die Treppe hinauf. Wird es nochmals klopfen? Er lauscht gespannt.

Tatsächlich, da macht es am Fenster ganz dumpf „Klucks" und noch einmal „Klucks".

Hanno reagiert nicht, sondern schleicht leise die Treppe hinunter, um an der Haustüre auf das nächste Signal zu lauern. Bei der geringsten Berührung gilt es, die Türe mit einem Ruck aufzureißen und der sonderbaren Gestalt nachzusetzen.

Für eine Weile bleibt es ruhig. Dann spürt er es förmlich: Da rutscht jemand am Haus entlang – um die Ecke – und bleibt dann vor der Tür stehen.

Jetzt! Die Haustür knallt hinten an die Wand. Hanno schnellt nach vorne, greift in das Dunkel – und krallt sich in einer weichen Fleece-Jacke fest.

„Stehenbleiben!" schreit er und zerrt die Gestalt näher an das Licht der Straßenlaterne.

Der kräftige, etwa 16 oder 17 Jahre alte Bursche sträubt sich, windet sich hin und her, schnauft wie ein Büffel und schielt aus den halbgeschlossenen Augenlidern zu Hanno hin.

„Was soll denn der Quatsch? – Willst du mich unbedingt zum Kochen bringen? – Na, wird's bald, was soll das?"

Der Junge schweigt und blickt auf den Boden.

„Nun, was willst du ...?" fragt Hanno etwas freundlicher.

„Sie sprechen ..."

„Wie bitte?"

„Ich möchte Sie sprechen!"

Ach so, das also war es. Deshalb die Klopfzeichen. Hanno blickt auf seine Uhr:

„Ist es so eilig?"

„Ja", kommt es knapp zurück.

„Na gut, dann komm mit!"

Der Bursche schiebt seinen Körper zur Haustüre, den Kopf hält er immer noch zur Seite. Merkwürdig, wie der das Licht scheut, registriert Hanno. Ob da noch andere auf der Lauer liegen? Falle? Vielleicht ist der Bursche tatsächlich nur vorgeschickt, damit sich andere heranschleichen können? Dort hinter dem Wacholderbusch – gespenstisch –, hat sich da eben nicht etwas bewegt?

Der späte Gast steht bereits in der Haustür.

„Schwarze Hand?" fragt Hanno. Der Bursche nickt. Also doch.

„Sind noch mehr von deiner Sorte hier?"

„Ich bin allein."

„Na, und die anderen?"

„Welche anderen?"

„Die von deinem Verein?"

„Wissen nichts ..."

Mehr ist im Augenblick nicht herauszubekommen.

„Nun geh mal voraus, die Treppe hoch!"

Hanno folgt dem Burschen und bemerkt einen scheußlichen Geruch. Stinkbombe? Aber er sagt das nicht, schüttelt sich nur und hält Abstand. „Wie bekomme ich den Gestank bloß wieder aus der

"Bude raus?" denkt er, sieht aber dann den Jungen vor der Zimmertür stehen und vergißt das wieder.

"Setz dich!"

Dies also ist die sagenhafte und berüchtigte "Schwarze Hand"? Vergeblich versucht Hanno zu verbergen, daß er sich dieses Wrack von einem Menschen genauer ansieht. Der andere rutscht sichtlich nervös auf dem Stuhl herum und weiß nicht, wo er die verletzten Hände verbergen soll. Schließlich vergräbt er sie tief in seinen Hosentaschen.

"Warum willst du mich sprechen? – Hat das etwas mit euren Aktionen zu tun?"

Der Bursche mit dem zernarbten Gesicht würgt seine Antwort heraus: "Nnnein ..." Und dann beginnt er schleppend mit belegter Stimme zu berichten:

"Das mit der ‚Schwarzen Hand' ist Unsinn, reiner Blödsinn!"

"Und welche Rolle spielst du dabei?"

"Keine mehr – ich war mal der Boß."

"Der Boß? – Und der hat mit den Aktivitäten der Bande nichts zu tun?" bemerkt Hanno ironisch.

"Schon, ja – aber jetzt nichts mehr ...", stößt der Boß gequält heraus.

"Und wie bist du denn zu dieser Bande gekommen?"

Dieter überlegt nicht lange: "Ich war gerade zwölf, als sie mich in der Schule keilten ..."

III

Sie hatten Dieter, genannt Dick, umworben, dann gedroht und schließlich erpreßt, die Diebesbande zu führen. Im Gartengelände eines verlassenen, baufälligen Hauses befand sich das Diebeslager. Genau unter dem wild überwachsenen und völlig eingesponnenen Gartenhaus, dort in den alten Lagerräumen hatten sie sich ihre Zentrale eingerichtet. Es gab sogar einen Geheimgang, der in das ausgetrocknete und halb zerfallene Becken des alten Teiches mündete. Und dieses Versteck, die "Villa", wäre auch weiterhin geheim geblieben, wenn nicht vor zwei Tagen etwas passiert wäre, das tief in das Leben des Bosses eingriff.

Hanno erkennt plötzlich, daß dieser Junge noch immer unter der Schockwirkung steht. Er schreit sein Erlebnis geradezu heraus. Alles steht so lebendig vor ihm, als wäre es eben geschehen:

„Geschrien hat der, geschrien, bis ich aufhörte ..."

„Wer denn?" fragt Henno erschrocken.

„Der Dicke vom ‚Lichthaus', der Besitzer. – Wir waren gerade dabei, den Schreibtisch zu untersuchen, da packte eine Hand zu ..."

Ein Trupp der „Schwarzen Hand" mit dem Bandenchef persönlich war also im Lager einer Lampenfirma weit draußen vor der Stadt eingestiegen.

„Üüüüüiiii ..." Ein durchdringender Warnpfiff ertönte, doch viel zu spät meldete Botsche, der zum Schmierestehen kommandiert worden war, den Auftritt des Besitzers. Der mußte durch eine Tapetentür lautlos eingetreten sein, als Dieter und sein Komplize Culo bei der Arbeit waren.

„Hab ich euch endlich, ihr Schweine!" schrie der Dicke.

„Botsche, hierher!"

Culo und der Boß drückten den Dicken zu Boden. Plötzlich war der so still geworden.

„Weg – hau ab – der ist hinüber!" schrie Culo, „weg, nichts wie los!"

„Nen Bogen um die Pappe ... nach links rüber!" gab Dick den Fluchtweg an.

Sie rannten um die Papierfabrik in Richtung Wasserwerk.

„Ins Wasser?" rief Culo und schielte auf die schmutzige Brühe des Stinkgrabens.

„Was denn sonst? – Die Spuren müssen verschwinden!" prustete Dick. Beide sprangen klatschend in den Graben, wateten einige Meter, lauschten und suchten die Straße nach Botsche ab. Doch der Schmiersteher kam nicht.

Vom Lichthaus her drangen Geräusche herüber. Tore wurden geöffnet, Autos fuhren quietschend in die Kurve.

„Sie kommen näher!" stieß Culo zwischen den Zähnen hervor.

Weit hinten schrie eine Frauenstimme: „Hilfe, Mörder ... Hil-
fee ... Mörder ...!"

„Raus aus dem Wasser!" zischte Dick und kletterte triefend aus
dem Graben. Sie schlugen einen Haken um den Wasserturm, rasten
durch Buschwerk und sprangen über Zäune, bis Culo im Stachel-
draht hängenblieb.

„Was'n jetzt los ...?" keuchte Dick.

Ganz nah ertönten Autohupen, Lichtkegel schwenkten über die
Gärten, Autotüren wurden zugeschlagen.

„Meine Tasche ist weg ...!" schrie Culo. Seine Umhängetasche
mußte irgendwo an einem Zaun hängengeblieben sein.

„Verrückt – mach schon, daß du vorankommst!" fluchte Dick,
„wir müssen den Geheimgang erreichen, bevor sie das Gartengelände abriegeln!"

Jetzt waren vom Wasserturm her Schreie zu hören. Jemand antwortete vom Gartenkiosk weiter rechts. Culo war am Durchdrehen:

„Laß mich hier liegen – ich kann nicht mehr ...!" rief er verzweifelt. Doch Dick schleifte ihn über den Gartenweg hinüber zur
alten Mauer, hinter der das Gartenhaus lag.

„Rüber! – Los, reiß dich zusammen! – Ich fang dich auf!"

Dick überkletterte das brüchige Gemäuer zuerst. Er wollte
Culo gerade unter die Arme greifen, als der angrenzende Turm, die
steil in den Himmel ragende Wand, zu schwanken begann. Culo
mußte an das Spannseil gekommen sein, das den „Turm" mit der
Mauer verband.

„Zum Gang ... schnell zum Gang!" schrie Dick noch und hechtete
sich in den Gang hinein, der zum eigentlichen Diebeslager führte.
Für eine halbe Sekunde noch sah er zurück, erkannte die Gestalt
Culos, die gleichfalls zum Gang sprang – und da geschah es:
Dumpf polternd stürzten die Steinmassen des „Turmes" herab,
schlugen zum Gang hin und bedeckten den Zugang zur Höhle.
Von allen Seiten prasselte es donnernd, Staub wirbelte auf, es wurde
plötzlich stockdunkel.

Für einen Augenblick lag Dick wie erstarrt, dann fühlte er
instinktiv nach seinem Kopf, tastete den Oberkörper ab, griff um

sich und seufzte schwer. Überall kam er an Steine, Geröll und Schutt – und noch immer rieselte es weiter.

Wo war Culo?

„Culo ... Culo ...!" Die Stimme erstickte im Staub.

„Luft ... Hilfe ... Luft!"

„Culo, so hör doch! – Culo!"

Das Atmen ging immer schwerer. Verzweifelt tastete Dick den Boden ab, doch überall lagen Steine, ringsumher war alles zu.

Gefangen – verschüttet – verloren! Dick raufte sich die Haare. – Und Culo? War er tot?

Der Sauerstoff nahm ab. „Schschsch ... hhöhh ... schschsch ... hhöhh ..." Rasselnd und pfeifend ging der Atem. Da packte Dick die totale Verzweiflung. Er trommelte mit seinen Fäusten auf den Boden, griff in die Steine und schrie: „Hilfe ... Hilfe ... Hilfe ...!"

Doch es stieg nur Staub auf. Je wahnsinniger er sich gebärdete, je mehr er brüllte, desto mächtiger wurde die Angst – bis er verstummte.

Dann wieder hämmerte es in seinem Gehirn: Wenn ich nur Culo fände! – Ich muß ihn finden, ich muß!

Er tastete wieder nach hinten und rüttelte an den Steinen, schob sie mit letzten Kräften zur Seite.

„Hhhöhh ... schschsch ... hhhöhh ... schschsch ..."

Da – hier – etwas Weiches. Arm oder Bein? Darüber Steine und Schutt, überall Schutt. Doch hier: Die Schultern – und wieder Steine und Mörtel – o Gott!

Dick grub fieberhaft. Ihn trieb nur eins: Culo. Bis er zusammenbrach: Ich kann Culo nicht helfen, ich kann weder ihm noch mir helfen – nichts kann uns helfen. Todesangst umklammerte ihn. Er betastete sich wie im Fieberwahn, griff in seine Haare, wischte sich den kalten Schweiß von der Stirne. – Verloren ...

Lähmend legte sich die Gewißheit des Verlorenseins auf seine Seele. Schließlich verlor er das Bewußtsein.

Als er wieder zu sich kam, tauchte sofort wieder der bohrende Gedanke auf: Was ist mit Culo?

Ob Botsche überhaupt zur „Villa" durchkam? Wahrscheinlich lag er irgendwo in einem Versteck und wartete die Gefahr ab. Und die Polizei? – Ach, wäre sie nur hier – schon wegen Culo! Culo?

Wieder griff Dick in die Steine, stemmte sich hoch und stöhnte. Der ganze Körper tat ihm weh. Da – er hatte die Drehung geschafft. „Culo!" schrie er und spürte, daß er wieder besser atmen konnte, „Culo, hörst du mich?"

Wie wild tastete er um sich und fühlte, daß da ein Balken schräg stand. Hier in diesem Zwischenraum mußte Culo liegen.

Tatsächlich, er spürte den warmen Körper. – Da – die Halsschlagader: „Mein Gott, er lebt!" Vor Erregung versagte ihm die Stimme. Es klang wie ein Krähen:

„Culo, Culo, hörst du mich ... Ich bin's, ich bin's ... Dick!"

„Wasser – Wasser – hol Wasser!" stammelte Culo, „Wasser ..."

Das Stammeln ging in Stöhnen über.

Doch wo sollte Dick Wasser hernehmen? Nicht mal von seinem Speichel hätte er ihm geben können, der Staub hatte alles ausgetrocknet.

„Ich – muß – sterben ... ", hauchte Culo.

Culo sterben? Nein, niemals, das durfte nicht sein. Dick war am Durchdrehen. Aus seiner todesgeängsteten Seele stiegen Schrekkensbilder auf wie in einem Horrorfilm. „Ich werde verrückt ... verrückt ... verrückt ...!" schrie er und schlug auf die Steine, bis Culo aufschrie.

Dick kam wieder zu sich. Mühsam versuchte er, Culo zu beruhigen, ihn von seinen Schmerzen abzulenken, doch er vermochte es nicht. Was hätte er ihm auch sagen können? Erneut stiegen Bilder auf: Jener Werbenachmittag bei der Jugendgruppe „Walnuts". Ja, das war Leben, fröhliches, lachendes Leben. – Und dann die Worte des Leiters: „Gott nimmt uns an!" – Nimmt er jeden an? Auch einen Verbrecher? – Jetzt – hier – in der Todesfalle?

Plötzlich spürte Dick die Hand Culos. Er griff nach ihr. Culo zitterte vor Angst und suchte Hilfe:

„Warum – warum – ", krächzte Culo heiser, „warum – habt – ihr – mich – Culo – genannt? – Verachtet – habt – ihr mich! – Meinst du – ich wüßte nicht, was – Culo – bedeutet?"

Sein aggressiver Angstausbruch richtete sich nun gegen den einzigen Menschen, den Todeskandidaten, der bei ihm war.

„Hast du große Schmerzen, Ingo?" flüsterte Dick und legte seine Hand auf den zitternden Arm Culos. Ingo hatte er gesagt. Und Ingo wurde sofort ruhiger: „Ach – ich meine – das nicht – so", keuchte er schwer, „... wenn nur – die Schmerzen – nicht wären ..."

Nach einer Pause stöhnte er: „Meinst du – daß wir – daß wir sterben – müssen?"

„Ich weißt nicht, vielleicht finden sie uns ..." "Weiter konnte Dick nicht denken. Die Todesangst hatte ihn wieder im Griff. Dick schrie zu Gott. Wie lange? Er wußte es nicht. Er spürte nur die Nähe des Todes, den kalten Hauch, der ihn umwehte.

Ingos Flüstern wurde immer leiser, dann riß es ganz ab. Dicks Luftmangel hatte sich ins Unerträgliche gesteigert. Dick kroch immer tiefer zum Boden hin. Dann tastete er wiederum nach der Hand Ingos. Doch sie lag völlig reglos da. Ingo gab kein Lebenszeichen mehr. Der Körper war zwar noch warm, aber Ingo hatte das Bewußtsein verloren.

Wie lange Dick so am Boden klebte, wußte er nicht. Doch es kam auf einmal Erleichterung. Der schwere Druck, der auf den Lungen lag, schien zu weichen. War er schon durch den Tod hindurch gegangen?

Was war das? – Dick hob den Kopf: War dort nicht ein kleiner Schimmer von Helligkeit? – Dort – das konnte ...

Träumte er? Lag er noch im verschütteten Eingang zur Diebeshöhle? Da war doch Licht? – Blaues Licht!

Dick bewegte sich kriechend auf das Licht zu. Unmöglich – unglaublich: Blaues Licht! Und dann sah er das Kreuz, ein leuchtendes Kreuz. Aber gerade dies machte ihn unsicher: War er überhaupt noch am Leben?

Er griff wieder um sich, tastete nach allen Seiten: Steine, Schutt – und da Ingos Hand. Sie war immer noch warm.

„Hilfe! Hilfe!" schrie Dick. Durch die kleine kreuzförmige Öffnung drang Sauerstoff herein. Wahrhaftig Luft! Luft! Luft! Dick klebte förmlich an der Öffnung und sog gierig die Luft in seine Lungen, bis es ihn schmerzte.

Dann taumelte er zurück, denn plötzlich waren ganz nahe Geräusche zu hören. „Klack ... klack ... klack ..." "Krachend schlugen Brecheisen und Pickel gegen die Steine. Immer näher kamen die Geräusche.

„Hierher ... hierher!" schrie Dick in einem fort.

Von draußen stieß man jetzt ein Rohr durch Schutt und Trümmersteine.

Luft! O herrliche Luft!

Dick kam erst draußen im Freien so richtig zu sich. Licht war da – und Luft – und Licht – und Luft. Und dann wieder das „Klack ... klack ... klack ..." „Man mußte ihn also herausgeholt haben.

„Vorsicht beim Abtragen der Steine!" rief eine rauhe Stimme. Doch Dick regte nichts mehr auf. Alles war so weit weg, so unwichtig. Er war gerettet. Jemand hielt ihm den Kopf hoch. Ein anderer führte ihm den Becher mit einer heißen Flüssigkeit zum Mund.

„Trink langsam, ganz langsam, Schluck für Schluck!"

Plötzlich kam ihm Ingo ins Bewußtsein. Was war mit Ingo? War auch er gerettet – oder gruben sie noch nach ihm?

„Den anderen haben sie schon herausgeholt ...", sagte eine blecherne Stimme.

„Schon herausgeholt ...", wiederholte Dick mechanisch. Doch noch immer machte es „Klack ... klack ... klack ..."

„Vorsicht!" schrie eine befehlende Stimme.

„Wo ist Ingo ...?" flüsterte Dick kraftlos.

„Krankenbahre hierher ...!" schrie die harte Stimme wieder.

„Was ist mit Ingo ...?" wiederholte Dick. Schwerfällig hob er den Kopf. Soeben trugen sie Ingo weg.

„Nur ruhig, du kommst gleich dran ...", sagte eine Stimme neben ihm, „dein Freund ist schwer verletzt, aber er lebt ...", setzte die Stimme hinzu.

„Ingo lebt –?" Dick wollte aufstehen, wurde aber sanft zurückgelegt.

„Freund" hatte die Stimme gesagt, Freund. Ingo mein Freund? Nein, er hatte Ingo gehaßt. Ingo? – Nein, Culo hatte er gehaßt, Culo, der die Rivalenrolle in der Bande spielte. Und welche Rolle spielte er selbst? Dicks Gedanken gingen unruhig hin und her. Was war jetzt? Er war gerettet – und doch verloren?

Plötzlich war da wieder die Angst. Dick hatte für einen Augenblick vergessen, daß er seine Rolle schon dort drüben in der Zentrale abgestreift hatte.

IV

Hanno sitzt an seinem Schreibtisch und spricht kein Wort. Noch steht er im Bann der Geschichte, die Dick soeben geschildert hat. Er hört die Stimme, die letzten Worte des Bandenchefs und weiß, daß er sich verbessern muß: Er hat den ehemaligen Boß der „Schwarzen Hand" vor sich sitzen. Die „Schwarze Hand" hatte aufgegeben.

Hanno weiß auch, warum Dick zu ihm gekommen ist. Er braucht Hilfe, um voll und ganz aus der alten Rolle auszusteigen. Langsam erst schwindet die Szenerie, die er soeben noch geschaut hat:

„Und wie geht es Ingo – äh – Culo – äh – Ingo?"

„Er liegt noch auf der Intensivstation im Hellberg-Krankenhaus, aber es besteht keine Lebensgefahr mehr ...", sagt Dick erleichtert.

„Und du bist wieder soweit hergestellt?"

„Ja, ich war zwei Tage zur Beobachtung im Krankenhaus. Heute früh wurde ich entlassen."

Ein wenig unsicher, fast lauernd schaut Dick immer noch zu Hanno hin.

„Und wie soll es jetzt weitergehen?" fragt Hanno.

„Ich weiß nicht ...", antwortet Dick niedergeschlagen.

„Was erwartest du von mir?"

Das eben weiß Dick auch nicht so genau. Da ist die Vergangenheit, die nun aufgerollt werden wird. Alles ist so schwer. Doch Hanno weiß Bescheid: Dick braucht sein Vertrauen. Es muß ein Mensch da sein, der wieder Vertrauen in ihn setzt. Ohne Pathos geht er auf Dick zu:

„Du hast ein echtes Wunder erlebt, Dick.! Und das steht am Anfang deines Neubeginns. Gott hat in dein Leben eingegriffen.

Du wurdest nicht nur aus der Todesgefahr, sondern aus dem totalen Verlorensein gerettet. Hast du das erkannt? Kann der ehemalige Boß der ‚Schwarzen Hand‘ einwilligen, sein zukünftiges Leben unter die Regie Gottes zu stellen? Kann er das?"

Dick nickt. Er versteht zwar noch nicht alles, aber er will neu beginnen. Er weiß, daß Gott ihm eine neue Existenz geschenkt hat.

„Ich würde gern bei euch im Jugendkreis mitmachen. Doch meine Vergangenheit spricht dagegen …", sagt er scheu und blickt zu Boden.

Hanno lacht vor sich hin: Da sieht er wieder seine aufgeregte Gruppe vor sich, die an den Signalen der „Schwarzen Hand" herumstudiert, Fingerabdrücke inspiziert und Spuren untersucht. – Und er sieht das Chaos im „Fuchsbau" – und die rachedurstigen Gesichter seiner Freunde. Was werden die dazu sagen?

„Na ja", sagt er lächelnd, „… leicht werden sie es dir nicht machen, nach dem, was du und deine Bande zusammen angestellt habt. Aber das kriegen wir schon hin! Ich freue mich, wenn du zu uns kommst, Dick! Ehrlich, ich freue mich riesig. Und Culo, äh Ingo, solltest du auch mitbringen. Das wäre gut!"

Noch lange beraten Hanno und Dick, wie die ganze Angelegenheit mit der „Schwarzen Hand" bewältigt werden kann. Die Polizei hat Strafanzeige gestellt. Der „Dicke" lebt zwar noch, aber er wird Dick wegen schwerer Körperverletzung und wegen Einbruchs verklagen.

Doch Hanno weiß auch schon, wie er die Sache anpacken wird, um Dick und Ingo beizustehen.

P.S. Übrigens: Keiner hätte Dick und Ingo zwei Jahre später wiederererkannt. Ich traf sie unterwegs zu einem tollen Wochenende in den Bergen. Natürlich nicht allein. Beide zeichneten verantwortlich für die Gruppe, die Hanno ihnen anvertraut hatte. Sie machten ihre Sache wirklich tadellos. Von der „Schwarzen Hand" wollten sie nichts mehr hören. „Das ist bereits Geschichte …", sagte Dick sicher, „und Vergangenheit für immer!"

Die „Schwarze Hand" gibt auf

Hinweise zu Form und Inhalt:

Die Erzählung hat vier Teile. Der erste Teil wirft ein vorläufiges Problem auf und führt einen Spannungsbogen bis zu den Personen des Geschehens.

Die Teile 2 und 4 umschließen den Hauptteil 3 als Rahmenerzählung. Sie aktualisieren den Hintergrund und zeigen an, daß es sich um eine wahre Begebenheit handelt.

Der Hauptteil 3 erzählt ein spannendes Geschehen, in dessen Verlauf sich eine Wandlung der Personen vollzieht.

Teil 4 bringt die persönlichen Überlegungen und Konsequenzen dieser Wandlung und führt zu mitvollziehbaren Ergebnissen. In diesem Teil ist „Botschaft" enthalten, knapp, aber zielgerichtet, nicht moralisierend und auch nicht im Sinne einer direkten Übertragung.

Der Zuhörer wird sich zunehmend mit dem Bandenchef identifizieren und seine Wandlung und Rettung mitvollziehen. Ebenso verhält es sich mit der Veränderung in der Beziehung zum Komplizen „Culo", dessen Namensänderung eine Markierung auf dem Wege zu Einsicht und Reife angibt.

Die Erzählung eignet sich besonders für Kinder ab 8 Jahren.

Hinweise für das Erzählen:
1. Vorschläge für mögliche Verkürzungen:

Bei Jungscharlern kann man die Teile 1 und 3 nach Vorlage erzählen und die Teile 2 und 4 verkürzt darbieten. Teil 4 kann auch in Form eines Gesprächs mit den Zuhörern entwickelt werden. Damit werden diese aus ihrer passiven Rolle herausgeholt und müssen sich selbst um Lösungen bemühen.

Ebenso könnte man nur den Teil 3 erzählen und alles andere verkürzt erwähnen.

Man kann auch den 1. Teil weglassen, Teil 3 ausführlich erzählen und die Teile 2 und 4 nur andeuten.

2. Vorschläge zur Erzähltechnik:

Beim Erzählen soll die Spannung gut herausgeholt werden durch Stimmaufwand, Steigerung und den Wechsel von Spannen und Entspannen.

Das Erzählen kann sich bei dramatischen Stellen bis zum darstellenden Spiel steigern, etwa bei Dicks und Culos Flucht, beim Sprung über die Mauer und dem Verschüttetwerden sowie beim Ausharren unter Schutt und Steinen.

Am Ende wird die Rettung noch mal als dramatischer Höhepunkt herausgestellt.

Wichtig ist das Hervorheben der Passagen, die positive Impulse erlauben und anregen, so wie z.B. die Reflexion des „Boß", die Vorgänge um das Erwachen des Gewissens und die Dialoge über das Sterben und die Todesangst.

Der Turm

Man hatte von dem kleinen Sandhügel aus, auf dessen höchstem Punkt ein Steinbrocken von der Größe eines Mannes lag, einen grandiosen Überblick über die schier endlose Weite der Wüste.

Doch keiner, der hier hinaufstieg, verlor auch nur einen Blick für die Schönheit der Landschaft, weder für die auf- und absteigenden Linien der Sanddünen, die der Wind geschnitten hatte, noch für die weiten Horizonte.

Unzählige eilten raschen Schrittes hinauf und starrten auf einen magischen Punkt, der hoch über den Konturen des gigantischen Bauwerkes lag, das da dem Hügel gegenüber in überdimensionaler Größe entstand. Nur dieser eine Punkt interessierte, der über dem Horizont lag, mittags der gleißenden Sonne nahe, nur wenig unter ihr, und abends sogar über ihr, wenn sie versank in das goldglitzernde Purpur, in das sie wie verlöschend eintauchte.

Jener imaginäre Punkt, den der Herrscher angegeben hatte, bestimmte das Gespräch auf dem Hügel, wenn die Pläne über dem Stein hingen und die Minister, Baumeister und Aufseher in geordnetem Halbkreis um den Diktator standen.

Er kam selten zum Turm, die Menschen störten ihn. Wenn er jedoch erschien, dann erteilte er Befehle, die stumm aber immer zustimmend entgegengenommen wurden. Achtungsvoll folgten dann die Augen der Umstehenden der gebieterischen Hand, die Linien in die Luft schnitt. Sie führten unweigerlich zu jenem Fixpunkt, der die geplante Höhe des Bauwerkes angab.

Der Diktator liebte die Pläne nicht. Vor seinen Augen stand die Schau, die tief im Innern geboren, herausdrängte und sich in messerscharfen Befehlen darstellte. Die *Höhe* des Turmes, die allein zählte. Der Punkt aber, der diese Höhe erahnen ließ, wuchs von Mal zu Mal. Die herrische Gebärde wischte alle Einwände der

Baumeister beiseite: Diese Höhe, keine andere. Wie erstarrt stand die Gruppe und visierte den Punkt an.

Heute stand der Oberbaumeister allein auf dem Hügel, gebeugt über seine Pläne. Ab und zu blickte er hinauf zur dreizehnten Plattform, brachte seine Zahlen zu Papier und maß den Abstand zwischen dem magischen Punkt und der obersten Station.

Da zerriß ein dumpfer Schrei die Stille. Drüben, nur wenig tiefer als der Hügel, bei den riesigen Steinbrocken vollzog sich ein Drama, das nur allzu bekannt war. Drohende Worte schallten herauf, gefolgt von dem grausigen: "Saa-rack, saa-rack, saa-rack ...", dem Antriebsschrei der Unteraufseher.

Da – wieder der schaurige Schrei – und gleich darauf das schreckliche Klatschen der Peitschen und wiederum: "Saa-rack, saa-rack ..."

Jedesmal, wenn der Herrscher solche Zwischenfälle miterlebte, hüllte er sich hastig in sein Obergewand und verließ mit hochgezogenen Schultern und verächtlichen Blicken den Hügel. Stumm folgten dann die Gefolgsleute seinem wehenden Mantel.

Der Oberbaumeister schüttelte den Kopf, wenn er an diese Szene dachte. Und doch kam er sich selbst so hilflos vor. Was ging es ihn an? Er hatte nicht für das Tempo zu sorgen, das war Sache der Aufseher.

"Saa-rack, saa-rack, ich will euch Beine machen, verdammte Säumlinge! Vorwärts! – Ihr werdet das Tagessoll schaffen, das schwöre ich euch! – Und keiner täusche mir Schwäche oder Krankheit vor! – Wollt ihr euch wohl sputen ... oder ...?"

Die Aufseher, die an der ersten Rampe des Turmes standen, lösten sich im Schreien ab. Ihre Stimmen überschlugen sich – und wenn sie versagten, klatschten die Peitschen um so heftiger auf die Rücken der Sklaven. Da – ein scharfer Peitschenhieb durchschnitt die Luft, daß es zum Hügel hinaufknallte. Ein vom Wind verwehter Fluch drang nicht mehr herauf.

Deutlich konnte man jetzt die ausgemergelten Gestalten erkennen, die unter den schweren Lasten schwankend einer nach dem anderen, immer in Reih und Glied, die schräge Bahn hinaufschlichen, geduckt, zitternd, bis wieder einer zusammenbrach und das klagende Schreien erneut anhob.

Der Oberbaumeister rollte die Pläne zusammen. Für einen kurzen Augenblick sah er noch einmal hinüber zu den Straßen, die sich rings um den Turm zogen. Wie träumend blickte er auf die ruckartigen Bewegungen der vorwärtstastenden Menschenkolonnen.

Der Turm! Wie viele Menschenleben hatte er schon verschlungen, bevor das Werk begann! Jahrelang hatten Unzählige die schweren Steine auf brüchigen Karren und ächzenden Rädern durch die weglose Wüste gezogen und gestoßen. Ein ganzes Menschenheer war dabei verdurstet, von den Strahlen der Sonne getötet, irgendwo im Sande liegengeblieben.

Ganze Geschlechter wird er noch ausrotten, dieser Völkervernichter. Nur wenige werden ihre Jugend überleben, noch weniger jemals das Bauwerk in seiner fertigen Größe erblicken. Und wird es jemals jenen magischen Punkt erreichen, der ständig höher anvisiert wird?

Den Oberbaumeister packte das Grauen. Plötzlich zuckte er zusammen. Hatte jemand seine Gedanken erraten? Waren sie nicht verräterisch? – Und seine Augen, seine Stirn? Was drückten sie aus? Rasch verließ er den Hügel und steuerte geradewegs zu der unteren Rampe hin.

„Aha, der Oberbaumeister!" kam eine dunkle Stimme aus einer der baufälligen Baracken. Der Oberaufseher trat unter die Türe:

„Gibt es neue Befehle?"

„Nicht daß ich wüßte", gab der Angerufene zurück und beeilte sich, aus dem Bereich der Baracken zu kommen.

„Ist der Herrscher zufrieden?" fragte der Oberaufseher lauernd.

„Er war schon einige Tage nicht mehr hier ..." Der Oberbaumeister versuchte das Gespräch zu beenden.

„Für ihn gibt es nur den Punkt X, alles andere interessiert ihn wenig ...", setzte der Oberaufseher hinzu.

„Und das Tempo, das Tempo!" antwortete der Oberbaumeister. Der Oberaufseher drehte sich um und herrschte einen seiner Unteraufseher an:

„Verfluchte Trägheit dort oben ...!" Er wies mit der Hand hinauf zur zehnten Station: „Schau, was dort los ist, ich kann es nicht erkennen!"

Der Unteraufseher biß auf die Zähne und reihte sich einer Trägerkolonne an.

„Ha, das ist ein Werk! Von hier aus wirkt es gigantischer als vom Hügel drüben. “ Der Oberaufseher hatte sich wieder dem Baumeister zugewandt. Etwas unruhiger fuhr er fort: „Sagt mir, warum kommt der Herrscher nicht hierher, zum Fuß des Turmes, an diese Stelle? Bedeutet ihm der Anblick nichts – oder stören ihn die Menschen?“

Der Oberbaumeister schwieg. Er hatte das Schweigen gelernt. Ihm machte im Augenblick die dreizehnte Station Kummer. Dies war sein Problem, alles andere kümmerte ihn wenig.

Einer der Unteraufseher knallte wieder mit der Peitsche und stieß dabei die üblichen Laute in die Luft: „Saa-rack, saa-rack, saa-rack, los ihr Schweine, ihr Hundegesindel, wollt ihr euch sputen?“ Die heisere Stimme überschlug sich: „Der Turm muß wachsen – und wenn alles zugrunde geht! Wachsen muß er, habt ihr gehört? – Vorwärts, saa-rack, saa-rack, saa-rack!“

Das schnelle Vorwärtsdrängen der letzten Träger in der langen Reihe der Schleppenden brachte Unruhe und Unsicherheit in den Ablauf. Die Kolonne kam aus dem Tritt, in der Mitte schob sich die Kette zusammen – und da geschah es: Ein Mann kippte ab, versuchte seine Last zu halten, kam aber ins Trudeln. In einer fast tänzerischen Bewegung warf er die dünnen Arme in die Luft, drehte sich dann und stürzte lautlos in die Tiefe, gefolgt von drei Schicksalsgefährten, die auf den schwankenden Bohlen ebenfalls den Halt verloren hatten.

Für einen Augenblick schien alles den Atem anzuhalten. Dann durchschnitten Schreckensrufe von den verschiedenen Ebenen des Bauwerks her die Luft. Dazwischen tönte das Schreien der Unteraufseher: „Saa-rack, ihr Schweine!“ – Und die donnernde Stimme des Oberaufsehers antwortete:

„Wahnsinnige, wollt ihr das Werk sabotieren? – Wer hat euch erlaubt, auszusteigen ...?“ schrie er außer sich und schielte zum Oberbaumeister hinüber.

„Holt mir den Schuldigen herbei, egal wie ...“

Der Oberbaumeister ging auf ihn zu: „Laß die armen Teufel in

Ruhe, und lege besser eine Ruhepause ein. Die Leute sind am Ende, das sieht doch jeder!"

„Ruhe? – Ruhepause ...?" Der Oberaufseher rang nach Luft: „Hier gibt es keine Ruhe; alles, jeder Augenblick hat dem Bau des Turmes zu dienen, wie es der Herrscher geboten hat!"

Mit großen Schritten eilte er hinüber zu den Arbeitern, die sich über Tote und Verletzte beugten.

„Was steht ihr hier herum? – Packt die Überreste und werft sie in die Grube hinter die letzte Baracke!"

„Sie sind nicht alle tot ...", wagte ein alter, ausgemergelter Körper zu entgegnen. Man konnte seinen Kopf nicht erkennen, zu tief war der zernarbte Rücken gebeugt.

„Weg mit ihnen! Räumt die Kadaver beiseite! – Habt ihr gehört?!"

Der Oberbaumeister hatte sich zunächst wieder über seine Pläne gebeugt, doch als man begann, die Toten mit den Verletzten zusammen wegzuschleifen, ergriff er den Arm des Oberaufsehers:

„Das kann man nicht tun! Laß die Verletzten in die Kranken-baracke bringen, verstanden?" Nur mühsam konnte er seine Erre-gung meistern.

„Du hast mir nichts zu befehlen, niemand ... ", erwiderte zornig der Oberaufseher, hielt dann inne und sah sich nach Zustimmung um, „.... niemand – außer dem Herrscher. Nur von ihm empfange ich Befehle!" Doch keiner erwiderte seinen Blick.

Der Oberbaumeister trat den Arbeitern entgegen, die mit abge-wandten Gesichtern ihre Kameraden abtransportierten: „Ihr habt verstanden? – Die Verletzten werden versorgt."

In diesem Augenblick trug der Wind vom ausgetrockneten Fluß-bett Fanfarenklänge herüber. Der Oberbaumeister legte die Hände schützend vor seine müden Augen und blinzelte hinüber in die glei-ßende Helle der großen, weiten Ebene. – Der Herrscher? – Kam er in dieser glühenden Mittagshitze? Was hatte dies zu bedeuten?

Kommandotöne erschallten hinter den Baracken. Mit einem Ruck wandte sich der Oberbaumeister um. Auch der Aufseher starre wie gebannt auf den Trupp, der soeben aus dem Bereich der Baracken zum Hügel ritt.

Mechanisch klang das lauter werdende „Saa-rack, saa-rack" der Unteraufseher.

Noch immer standen die Arbeiter stumm und ergeben vor dem Baumeister. Ihr Blick ging ins Leere. Doch der Oberaufseher stürzte sich auf den Alten, der sich noch immer um die Verletzten bemühte. „Vorwärts, ihr Lumpenpack, macht schon, daß ihr wegkommt!"

Der Oberbaumeister trat ganz dicht an den Menschenverächter heran: „Der Hauptmann soll entscheiden, wer hier das Sagen hat!" stieß er mit müder Stimme hervor.

Inzwischen war der Voraustrupp des Diktators nähergekommen. Der Hauptmann hob stumm die Hand wie zu einem Gruß und befahl dann seinen Leuten, sich über den Hügel zu verteilen. „Dort oben ein Doppelposten – und nach Osten ein zweiter!" kommandierte er und mit belegter Stimme. Dann erst nahm er den Abtransport wahr und stutzte:

„Verluste? – Ausfall? – Wieviel?" herrschte er den Oberaufseher an. Dieser blickte unentwegt zum Turm hinüber, riß aber dann seinen Kopf herum, sah mit finsterer Miene in die Runde und sagte schnarrend: „Vier Tote." Dann nahm er die kurze Peitsche und hieb sie über den krummen Rücken des Alten, der immer noch versuchte, die Verletzten vor den glühenden Sonnenstrahlen zu schützen.

„Los, schafft sie weg!" schrie der Oberaufseher.

Der Baumeister antwortete tonlos, aber bestimmt: „Hauptmann, es handelt sich hier um Verletzte. – Ich gab den Befehl, sie zur Krankenbaracke zu bringen!"

„Und warum liegen sie dann noch hier? – Weg damit, der Herrscher kommt!"

„Hauptmann, es sind Verletzte …", beschwor ihn der Baumeister.

„Ja, ja, Verletzte – Ausschuß, Futter für die Schakale …", antwortete der Hauptmann ohne einen Anflug von Mitleid.

„So könnt ihr nicht von Menschen sprechen, die diesen göttlichen Turm schaffen ...!" schrie schmerzgepeinigt der Alte, der sich über seinen verletzten Sohn geworfen hatte.

Der Baumeister trat noch einen Schritt näher: „Nein, wahrhaftig nein, so können wir nicht mit dem Menschenmaterial umgehen. Es sind Menschen, die des Herrschers kühne Träume verwirklichen sollen, Hauptmann! – Denkt an eure Soldaten!"

Dem Hauptmann wurde die Situation lästig. Er sah hinüber zum Flußbett. Dort war Bewegung zu erkennen. „Meinetwegen, bringt die Verletzten zur Krankenbaracke, ich habe jetzt anderes zu tun!"

„Verdammt", zischte der Oberaufseher, „verdammt ...", packte den ersten Träger an der Schulter und spie ihm ins Gesicht. Dann rannte er hinüber zur Kantine.

Der Oberbaumeister wandte sich dem Hauptmann zu: „Wir haben uns lange nicht gesehen. – Geht alles klar? Ist der Herrscher heute gut gelaunt?"

Der Hauptmann zuckte die Achseln: „Wer weiß das schon? – Das weiß nur er selbst."

Wieder trug der Wind die Klänge der Fanfare herüber. Man konnte bereits die Gruppe der Höflinge erkennen, die den Herrscher umgaben. Er ritt stolz auf seinem Araberhengst zum Hügel hin.

„Er kommt!" sagte tonlos der Oberbaumeister und eilte hinauf zum Steintisch, über den jetzt ein schattenspendender Baldachin aufgespannt wurde.

„Doppelposten, habt acht!" kommandierte der Hauptmann und schritt ebenfalls zum Hügel empor. Dort stellte er die übrigen Posten auf, die reglos wie Steinsäulen in den Himmel ragten.

Plötzlich entdeckte der Oberbaumeister eine riesige Staubwolke, die weit hinten vom Flußbett her sich langsam in die Landschaft fraß.

„Was kommt dort?"

Der Hauptmann blickte nur ganz kurz in die angegebene Richtung und sagte ohne Betonung: „Das Heer ..."

„Das Heer ...?"

Der Hauptmann genoß das Erstaunen des Baumeisters:

„Jawohl, ein ganzes Heer junger, starker Sklaven. Nun kann das Arbeitstempo gesteigert werden!"

Der Oberbaumeister sinnierte vor sich hin. „Sie brauchen viele Wochen, um sich hier zurechtzufinden!"

Der Hauptmann lächelte: „Mag sein, denn die Fesseln schrecken sie nicht – doch den sagenhaften Turm, den fürchten sie wie die Pest."

Von allen Seiten kamen nun die Baumeister der verschiedenen Stationen mit ihren Gehilfen den Hügel heraufgeschritten. Auch die Aufseher stellten sich ein. Dafür erfüllten die grausamen Unteraufseher ein Übermaß an Pflicht. Überall ertönte das schaurige: „Saa-rack ... saa-rack!"

Das Bauwerk glich noch um einiges mehr einem Termitenbau, der die Massen der schleppenden, hinaufsteigenden und herabrennenden „Termiten" verschlang und wieder ausspie. Aus den Torbögen der einzelnen Stationen tönten hohle Schreie und vermischten sich mit dem Klatschen der Peitschen.

Der Diktator war am Fuße des Hügels angekommen. Erneut klangen die Fanfaren. Nun stellte sich der Hauptmann in Pose, die Baumeister scharten sich um den Oberbaumeister, der die Pläne in den Händen hielt.

Immer häufiger und schärfer ertönte das „Saa-rack" von den Stationen herüber. Es steigerte sich noch, je näher der Herrscher dem steinernen Tisch kam. Mit schneidender Stimme erteilte der Hauptmann seine Befehle: „Den Herrscher empfangt mit ehrendem Gruß: Heil ihm und dem stolzen Reich seiner Herrschaft!"

Die Soldaten nahmen die Grußhaltung ein, der Hauptmann trat zur Seite.

Für einen Augenblick musterte der Diktator die Doppelposten und trat dann auf den Hauptmann zu, der ihm meldete, daß alles in Ordnung sei. Doch der Herrscher winkte ungnädig ab und verlangte den Oberbaumeister.

„Die Pläne!"

Der Oberbaumeister trat vor, verbeugte sich tief und entfaltete die Pläne auf dem Steintisch.

Der Diktator nahm – wie immer – kaum Notiz, blickte kurz hinüber zum Turm und sprach dann abgehackt: „Ich – erwarte – den Bericht!"

„Wir arbeiten an der dreizehnten Station, mein Herr und Gebieter!"

Der Diktator biß sich auf die Lippen. Sein ohnehin bleiches Gesicht nahm eine gelbliche Farbe an.

„Nun, wo denn sonst? Dies hörte ich bereits vor Wochen! – Geht das immer weiter in diesem Gang?"

„Jawohl, mein Gebieter!"

„Jawohl – und nichts als jawohl. Seid ihr zu keiner anderen Antwort fähig? Warum wird das Tempo nicht gesteigert?"

„Wir verlangen von den Menschen das Unmögliche, damit sie das Mögliche tun ...", antwortete der Oberbaumeister korrekt.

„Gut, das ist mein Prinzip. Aber hier funktioniert es nicht. Wer oder was wagt es, mich aufzuhalten? Fahndet nach den Schuldigen!"

Damit wandte er sich an den Planungsminister, der hinter ihm im Kreis der Höflinge stand. Sofort öffnete sich eine Gasse zu dem Verantwortlichen. Mit einer knappen Verbeugung trat er neben den Oberbaumeister.

„Die Pläne sind in Ordnung", sagte er sichtlich nervös, „wenn es Schwierigkeiten gibt, dann ist der Oberbaumeister zuständig!"

Der Oberbaumeister verbarg sein Zittern nur schwer und beeilte sich mit seiner Antwort.

„Es gibt Probleme mit der Statik, mein Gebieter! Das Massiv oberhalb der dreizehnten Station macht uns Schwierigkeiten. Wir müßten stärkere Stützen einbauen, verfügen aber nicht über das notwendige massive Holz ... Wenn mein Herr und Gebieter einen kurzen Blick in die Pläne werfen wollte?" Mit diesen Worten hob er die Skizze vom Stein und hielt sie vor den Herrscher.

„Ha, was sagen schon die Pläne, wenn ihr euch verrechnet?! Meinen Willen habt ihr gehört. Wehe denen, die ihn nicht erfüllen!"

Die kalten Augen glitten über die Gruppe der Verantwortlichen hinweg hinüber zum Turm und dann hinab zum Triumphbogen, wo soeben die Spitze des fast unübersehbaren Sklavenzuges eintraf. Der Hauptmann reckte sich stolz:

»Majestät, hier sind die Garanten für die Zukunft des Turmes und für das neue Tempo, das nun vorgelegt werden kann. – Lauter junge, kraftstrotzende Burschen – und ... «, seine Stimme wurde leise, »... auch einige hübsche Mädchen ... « Er schnalzte mit der Zunge und nickte den Höflingen zu.

Doch der Herrscher verzichtete auf eine Antwort. Wütend klatschte er mit seiner Reitpeitsche an die Stulpenstiefel, drehte sich kurzerhand um und bestieg sein Pferd.

Von den Stationen des Turmes bliesen die Fanfaren. Das bedeutete das Bereitmachen für die Ankunft des Herrschers im Baubereich selbst. Niemand achtete auf diese Signale droben auf dem Hügel, denn es war alles im Aufbruch begriffen.

Doch dann durchzitterten Schreie die Luft. Erneut bliesen Fanfaren; Signal folgte auf Signal. Was war das? Selbst der Herrscher hielt sein Pferd an. Lärm drang den Hügel hinauf; wilde Schreie, Flüche, stöhnende Laute mischten sich in das Klatschen von Peitschen.

»Wollt ihr zurückweichen! – Jeder, der ausbricht, wird auf der Stelle getötet!« schrie die mächtige Stimme des Oberaufsehers, der ein Pferd ergriff, ihm die Sporen gab und zum Triumphbogen galoppierte.

»Rebellion! – Ausbruch! – Meuterei!« Die Höflinge entsetzten sich und rannten durcheinander.

Tatsächlich, der Zug der Sklaven befand sich in Auflösung. Die Unteraufseher gebärdeten sich wie wild, Soldaten rückten vor und versuchten, die ausbrechenden Sklaven zu fassen und zusammenzutreiben.

Unten zu Füßen des Hügels und vor dem Bauwerk selbst war das Chaos ausgebrochen. Hunderte von Sklaven schoben sich den Hügel hinauf und befreiten sich gegenseitig von ihren Fesseln. Andere drängten zurück, viele flüchteten auf das ausgetrocknete Flußbett zu. Der Turm mußte sie zutiefst erschreckt haben. Kilometer um Kilometer hatten sie wie im Trancezustand Schritt vor Schritt gesetzt – und jetzt plötzlich wurde ihnen klar, daß die unentrinnbare Menschenfalle gleich hinter ihnen zuschnappen würde. Hier war das absolute Ende, hier drohte die endgültige Vernichtung.

„Die Arbeiter heran!" schrie der Hauptmann, dessen Soldaten den einzelnen Gruppen der Fliehenden nachsetzten. „Mobilisiert die Arbeiter!" heischte er die Unteraufseher an.

Doch die Masse der Schleppenden stand wie angegossen auf den Rampen. Langsam ließen sie ihre Lasten abrutschen und starrten wie gelähmt auf die Vorgänge unter ihnen.

Schreie wechselten nun hinüber und herüber. Die kämpfenden Sklaven rannten mit ihren Leibern gegen die Pferde der Soldaten, wurden aber niedergemäht wie die Ähren auf den Feldern. Die zurückweichende Masse der Neuangekommenen schrie nach oben: „Helft uns! Macht euch frei! – Wir wollen Freiheit, Freiheit! Freiheit! – Verlaßt das Ungeheuer! – Runter vom Turm!"

Hier und da hörte man aus der Höhe Rufe einzelner Arbeiter, die sich aus der Erstarrung gelöst hatten:

„Der Turm soll leben! – Es lebe der Turm! – Heil dem Herrscher!"

Andere begannen mit dem Abstieg, um sich in das Heer der kämpfenden Sklaven einzureihen. In wilder Hast stürzten ganze Haufen des Sklavenheeres in die Materiallager, um sich mit Stangen und Schaufeln zu bewaffnen. Die Situation wurde bedrohlich.

Der Diktator hatte zunächst innegehalten und wie gebannt dem ungeheuren Schauspiel von der halben Höhe des Hügels aus zugesehen. Als die herandrängenden Sklaven immer näher kamen, umringten die Posten den Herrscher, um ihn zu schützen. Auch die Schar der Höflinge hatte sich dichter an den Diktator herangeschoben. Doch dieser wies sie mit kühler Gebärde zurück. Wie ein gemeißeltes Standbild überragte er die, die ihn schützen wollten. Zwischen ihm und den heranstürmenden Sklaven standen die Soldaten mit ihren Speeren zum Gegenangriff bereit. Sie warteten nur auf den Befehl. Die Sklaven, mit ihren Stangen, Werkzeugen und Schaufeln bewaffnet, hielten sich ebenfalls zurück und wagten sich nicht weiter vor.

Doch noch bevor der Herrscher den Befehl zum Gegenschlag gab, stürzte ein blutjunger Sklave mit zerrissenen Stricken nach vorne. Gellend schrie er:

»Hör mich an, du Gebieter über dieses Land und seine Menschen!«

Doch die Schreie gingen im Handgemenge unter. Soldaten ergriffen den Schreienden, sie zerrten ihn den Hügel hinunter. So waren nur noch Wortfetzen seiner Botschaft zu hören: »Wehe euch ... der Turm ist euer Schicksal ... wehe ...!«

Der Diktator reckte sich: »Bringt ihn hierher! Er soll seine Lästerungen zum Besten geben!«

»Majestät!« rief entsetzt der Hauptmann, doch der Herrscher deutete unwiderruflich auf den Jüngling; Die Soldaten packten ihn nun, zerrten ihn mit sich und richteten ihn endlich auf, nicht ohne ihm mit Fußtritten anzudeuten, was ihn erwartete.

»Tritt näher!« Der Diktator deutete mit seinem linken Arm den Standort an. Für einen Augenblick wurde es so still, daß man nur das Keuchen des Sklaven hörte.

»Was ist mit dem Turm, sprich, Sklave!«

»Ein Ungeheuer ist er, ein menschenfressendes Ungetüm – ein Denkmal der Schande –, eine Erfindung der Hölle!«

Die Worte des Jünglings steigerten sich, er stieß sie mit letzter Kraft aus seinem bebenden Körper heraus.

Vom Materiallager herüber hörte man das gellende Schreien der Sklaven. Massenweise wurden sie niedergeschlagen und getötet.

Drüben am Turm begannen Gruppen der Neuangekommenen, Steine loszubrechen und sie in das Kampfgetümmel zu schleudern. Doch die Arbeiter auf den oberen Etagen stießen und warfen die Hinaufdrängenden zurück.

Der Herrscher hatte sich einen Augenblick lang orientiert, dann fuhr er fort:

»Du bist wohl der Kopf der Rebellion? Grandios habt ihr euch das ausgedacht: Aufruhr am Turm, Rebellion gegen den Bauherrn, Krieg gegen mich, den Gebieter! Nun gut ... «, der Herrscher steigerte seine Stimme: »Der Turm wird alle vernichten! Mich aber wird er erheben über die Völker, ja auch über die Götter. Noch in

Jahrtausenden wird man von mir sprechen. Den Erbauer dieses gigantischen Turmes wird man rühmen. Eure Gebeine aber wird niemand erwähnen. Sie werden verbleichen in der sengenden Sonne!"

Der Jüngling hatte sich weit nach vorne gebeugt. Mit letzter Kraft schleuderte er seine warnende Anklage heraus:

„Nur ein Narr mißachtet die Gesetze Gottes! Nur ein Verblendeter verschließt sich vor seinem Wort! Wehe dir und deinen Trabanten!"

Die Soldaten stießen den Sklaven auf den Boden und drückten seinen Kopf in den Sand. Doch der Jüngling riß sich wieder hoch und schrie gellend weiter:

„Auch du, Herrscher, bist dem Gesetz Gottes unterworfen. Dein Werk wird zerbersten; seine Trümmer werden sprechen die Sprache des Vergehens, die Sprache des Gerichts!"

Der Herrscher winkte einen Soldaten heran: „Bringt ihn noch näher, damit ich ihm in die Augen sehen kann!"

Soldaten zerrten den Jüngling vor den Herrscher, der ihn spöttisch musterte: „Tatsächlich, ein Knabe wagt es, mir die Stirn zu bieten! Hach – dein Gott ist gegen meinen Turm? Er gefällt ihm wohl nicht?"

Dann wandte sich der Diktator seinen Höflingen zu: „Habt ihr es gehört? – Das ist doch völlig neu: sein Gott? Er meint, es gibt nur einen Gott! Habt ihr das gehört, nur einen – und ausgerechnet der hat etwas gegen meinen Turm, hahahaha ..."

Er sah sich triumphierend und effekthaschend um. Doch nur einige Höflinge in der vordersten Reihe stimmten in sein höhnisches Lachen ein.

Der junge Sklave konnte kaum seinen Abscheu verbergen. Dennoch antwortete er ruhig:

„Sein Wort kann Bauwerke zerschlagen, wie das Erdbeben ganze Städte vernichtet. Ja, es wirkt wie ein Brand, der alles zerstört – und doch spendet es Leben!"

Der Herrscher hieb mit der Reitpeitsche auf den Hals seines Pferdes, daß es sich hoch aufbäumte.

„Verrückt! Wer hat solches je gehört? Ein Gott – der spricht?

Und sein Wort zerstört und baut auf? Etwas Verrückteres wurde niemals gesagt. – Schafft mir den Kerl jetzt aus den Augen!"

Der Hauptmann verneigte sich und trat näher: "Mein Gebieter, diese Gefangenen kommen aus der Region Karkemisch. Es sind Hethiter, stolze Menschen, die nur an einen Gott glauben."

"Mag sein ...", lenkte der Diktator ein. "Dann bringt ihn noch ein Stück näher, damit ich den stolzen Hethiter besser erkennen kann!"

Die Soldaten hatten den Jüngling weggestoßen, zerrten ihn dann aber wieder heran und blieben in angemessener Entfernung vor dem Herrscher stehen.

"Hast du gehört, Hethiter? Sag an, was dein Gott zu dir spricht!"

Der junge Sklave hob sein Angesicht zum Himmel und blickte dann frei in das Antlitz des Herrschers: "Gib Freiheit meinen Brüdern! Laß uns zurückkehren in unser Land. Wir wollen nur unserem Gott und keinen fremden Göttern dienen!"

Um den Mund des Diktators zuckte es verächtlich. "Aha, das also sagt dir dein Gott. Das klingt vernünftig für dich, doch nicht für mich. Den Turm baue ich zu meiner Ehre, mein Werk ist er. Ich diene keinem Gott! Es gibt keine Götter neben mir. Nimm dies zur Kenntnis und verständige deinen Gott!"

Wieder blickte der Jüngling nach oben und dann auf den Herrscher: "Dies spricht der eine und einzige Gott: "Wehe denen, die sich selbst zu Göttern machen und den Schöpfer und seine Geschöpfe verachten! Sie werden vergehen wie das Gras, das im heißen Wind der Wüste verdorrt. Ich werde sie vertreiben aus den Städten, wo sie herrschen, und ihre Freveltaten werden sie richten. Wer aber meinen Willen gehorcht und meine Worte ernst nimmt, der wird leben!""

Ein vielstimmiges Geschrei erscholl. Soldaten sprangen auf den Sklaven zu und trieben ihn mit Peitschenhieben zurück zu seinen Schicksalsgefährten.

Wutentbrannt schrie der Herrscher: "Treibt das Hundepack zusammen und gebt ihnen zu schleppen, bis sie zusammenbrechen! Gebt ihnen die schwersten Brocken – und dann hinauf zu des Turmes Spitze, hinauf ohne Erbarmen. Es lebe der Turm!"

„Es lebe unser Herrscher, der Erbauer des Turmes, der Gebieter über die Welt!" schrien die Soldaten, und die Höflinge stimmten ein mit verdrehten Augen und wilden, ekstatischen Bewegungen.

„Es lebe der Herrscher ohne Ende!" klang es in Sprechchören vom Turm herüber.

Der Oberbaumeister hatte sich abgewandt. Unwillkürlich war er der Rotte gefolgt, die den jungen Sklaven wegtrieb. Man brachte ihn zur Baracke an der ersten Rampe und mit ihm Versprengte aus den Haufen der Geflohenen.

Plötzlich ertönten erneut Fanfarensignale. Es waren die Zeichen der höchsten Alarmstufe. Von den geschlagenen Sklaven konnte doch keine Gefahr mehr ausgehen?

Der Oberbaumeister reckte den Kopf steil nach oben. Die Signale wurden heftiger und ertönten jetzt auf den verschiedenen Ebenen des Turmes.

Was war geschehen?

Ein vielstimmiger Schrei pflanzte sich fort: „Der Turm, der Turm ...!"

Der Turm? Kam er ins Wanken? Tatsächlich! Stützen krachten berstend zusammen, Balken stürzten donnernd in die Tiefe. In der Luft lag ein einziger Aufschrei – dann kehrte eine plötzliche Stille ein. Unheimlich war das. Der Oberbaumeister zuckte zusammen.

Jetzt waren einzelne Schreie zu hören. Arbeiter auf den obersten Rampen taumelten, stürzten über Mauern herab und schlugen klatschend unten auf. Ein Drängen und Rennen. Wie eine Lawine rasten Arbeitergruppen hinunter in die Tiefe.

Wie zu Stein erstarrt verharrte der Herrscher auf seinem Pferd, das unruhig hin und her tänzelte. Wortlos und wie unter einem Schock standen die Höflinge um den Gebieter geschart. Dann stürzte der Hauptmann herbei, salutierte und meldete mit rasselnder Stimme: „Der Aufbau der dreizehnten Station ist eingestürzt, ein unbedeutender Vorfall, mein Gebieter; der Schaden läßt sich ohne weiteres beheben!"

Doch der Diktator übersah ihn. Niemand hörte auf ihn. Alles stand versteinert und starre unentwegt hinauf zum Turm.

„Ergreife den Schuldigen und vernichte ihn!" zischte kühl der

Diktator und fügte drohend hinzu: „Verstanden? Unverzüglich verhaften! – Ich erwarte Meldung!"

Dann gab er dem Hengst die Sporen und galoppierte an der Spitze seiner Epigonen dem Flußbett zu, ohne sich noch einmal umzublicken.

Der Hauptmann ließ die Baracke umstellen und den Oberbaumeister in Fesseln legen. Man fand ihn im Gespräch mit dem jungen Sklaven. Mit abschätzigem Blick bemerkte der Hauptmann zynisch: „Konspiration mit der Rebellion! Genau das habe ich erwartet ..."

Der Oberbaumeister antwortete nichts und wehrte sich auch nicht.

Sie führten ihn zur Arrestzelle. Als sie an der Kantine vorbeikamen, stürzte der Oberaufseher heraus. Die Röte in seinem Gesicht verhieß nichts Gutes.

„Hach, das ist ein Fang! Wir werden dich und den rebellierenden Knaben für den Sockel reservieren, das wird ein Fest!" schrie er und rieb sich die Hände.

Die Soldaten erbleichten. Jeder kannte die dunklen Höhlen entlang der ersten Rampe. Und jeder fürchtete sich davor. Man mied diese Strecke.

Beim nächsten Stationsfest würde man die Opfer auswählen und zur Einmauerung bestimmen. Und das hieß eingemauert werden bei lebendigem Leib als Opfer für den Turm.

Das höhnische Lachen des Oberaufsehers mischte sich mit dem Geschrei der Betrunkenen in der Kantine.

Doch der Oberbaumeister ließ sich willig an den Sklaven ketten und in die Arrestzelle führen.

Was konnten sie ihm schon antun? Er war der Wahrheit begegnet im Wort des einen Gottes, dessen Wirklichkeit der junge Hethiter bezeugt hatte.

„Der Turm"

Hinweise zu Form und Inhalt:

Die Erzählung vom Turm zu Babel – er ist hier gemeint – ist eine zeitlose Geschichte. Der Turm selbst steht für alle die menschlichen Bauwerke, die zur „Ehre des Menschen" geschaffen wurden, in Wahrheit aber Dokumente der Unmenschlichkeit darstellen.

Die bestaunten monumentalen Bauwerke in aller Welt, vor denen die Touristen bewundernd stehen, sind in der überwiegenden Zahl menschenmordende Machwerke, seien es die Bauten der Azteken und Inkas, die Pyramiden Ägyptens, Mauern oder auch Bahnstrecken durch Wüsten und Hochgebirge. Selbst die modernen Untergrundbahnen oder Autobahnbrücken sind unter erheblichen Menschenopfern gebaut worden.

Gewiß, die völkerfressenden Monumente sind im wesentlichen im Altertum und in der beginnenden Neuzeit bis zum Mittelalter entstanden. Sie wurden ohne Rücksicht nach ausbeuterischen Prinzipien der Herrschenden von Sklaven und Gefangenen oder unterdrückten Minderheiten im Frondienst errichtet.

Der besondere Aspekt dieser Erzählung stellt sich im Dialog des Diktators mit dem mutigen Sklaven dar. Dies ist auch zugleich der *Zielpunkt*: Das Wesen des autonomen, sich zum Gott aufgipfelnden Menschen, der über das Recht zum Leben und die Ehrfurcht vor dem Leben hinweggeht und Tausende hinopfert – wird konfrontiert mit wenigen wahren Menschen: einmal dem Sklaven, der es wagt, dem Herrscher die Maske vom Gesicht zu reißen und ihn unmittelbar vor Gott zu stellen; und zum anderen mit der Figur des Oberbaumeisters, der Menschlichkeit fordert und sich persönlich dafür einsetzt. Hinzu kommt noch der alte Arbeiter, der sich schützend über die Verletzten wirft.

In der Konfrontation des Herrschers mit dem Wort des einen Gottes spitzt sich die Situation zu.

Daneben aber gibt es verschiedene *Höhepunkte*, die eine fortgesetzte Spannung bewirken:

1. Der Vorfall mit den Verletzten, 2. Das Kommen des Diktators, 3. Die Rebellion der Sklaven, 4. Die Konfrontation mit der Botschaft durch den mutigen Sklaven, 5. Der Einsturz der obersten Station.

Hinweise für das Erzählen:

Die beschreibende Einleitung gibt ein Bild vom Wesen des Diktators und führt in die Atmosphäre des „Lebens" der Menschen im Bannkreis des Turmes ein.

Wenn man diese umfangreiche Geschichte ganz erzählen will, so ist es notwendig, daß man sie vorher mehrmals liest und dabei in seiner Vorstellung den Ort und die Landschaft, die ganze Situation und die Handlungsabläufe so lebendig vor sich sieht, daß man aus dem Miterleben heraus als Beteiligter sprechen kann.

Selbstverständlich können Stil und Wortwahl verändert werden. Die malerische Beschreibung dient nur als Beispiel.

Man kann die Erzählung auch verkürzen und mit dem Oberbaumeister beginnen. Dann sind noch einige Erklärungen nachzuholen.

Möglich ist ein Wechsel zwischen Lesen und Erzählen. Dabei können die beschreibenden Teile gelesen und die Aktionsteile mit den Sprechszenen erzählt werden.

Die Erzählung ist für Erwachsene und Jugendliche ab 14 Jahren gedacht.

Die Geschichte fordert zu einer Diskussion über den Inhalt heraus. Gut ist es, wenn die Zuhörer noch einige Zeit zum Nachdenken haben, bevor sie in die Diskussion einsteigen.

Wenn man die Geschichte „Der Turm" Jüngeren erzählen will, dann sollte sie gekürzt vorgetragen werden. (Möglich wäre der Beginn mit dem Ausruf: „Der Turm!" Seite 119, 5. Zeile von oben.)

Die folgende kurze Situationsbeschreibung reicht aus, um dann sofort in den weiteren Ablauf der Erzählung einsteigen zu können: „Den Oberbaumeister packte das Grauen. Plötzlich ..."

Der Schluß der Geschichte (Seite 132) könnte durch eingefügte Erklärungen verlängert werden. Möglich wäre auch eine angehängte Erklärung über das Bekenntnis des Sklaven und das „Erwachen" des Baumeisters mit den entsprechenden Konsequenzen, die in der Erzählung nur angedeutet wurden. Das Erzählen oder Vorlesen sollte auf alle Fälle in ein informatives Gespräch münden.

Margret und Walter Wanner

Treffend gesagt
Das große Buch der Zitate –
Über 6000 aktuelle Kurztexte von A–Z
ABCteam-Paperback. 544 Seiten.
Bestell-Nr. 3-7655-2437-9

Über 6000 Zitate und Kurztexte zu aktuellen Themen – ob
„ABC-Waffen" oder „Zukunft". Inspiration, Anregung,
Impulse zum eigenen Nachdenken, zur „Rundum-Orientie-
rung", als Grußtext, zur Aktualisierung und Vertiefung der
Diskussion.
– Das treffende Wort für Aufsätze, Predigten, Referate und
Vorträge.
– Aktuelle Kurztexte für Redakteure und Redaktionen.
– Zur Verwendung in Familie, Schule und Gemeinde, in
Gesprächsgruppen und Jugendarbeit.
„Treffend gesagt" – das treffende Zitat für viele Gelegenheiten.

BRUNNEN VERLAG GIESSEN

Vorbereitungshilfen für Hauskreis- und Jugendarbeit, Bibelstunde und Gemeinde

Jürgen Blunck

Bausteine für die Bibelarbeit

Band 1:
Matthäus bis Johannes
272 Seiten. ABCteam Werkbücher
Bestell-Nr. 3-7655-2887-0

Band 2:
Apostelgeschichte bis Offenbarung
286 Seiten. ABCteam Werkbücher
Bestell-Nr. 3-7655-2890-0

Band 3:
Altes Testament
208 Seiten. ABCteam Werkbücher
Bestell-Nr. 3-7655-2893-5

In „Bausteine für die Bibelarbeit" erarbeitet Jürgen Blunck über 230 Kerntexte aus der Bibel. Unverständliche oder schwierige Begriffe und Sachverhalte werden erläutert, der Gesamtzusammenhang der einzelnen Textstellen dargestellt, die Hauptaussagen verdeutlicht. Fragen führen an den Text heran, in den Text hinein und helfen bei der Umsetzung des Textes in den Alltag.
Jürgen Blunck liefert eine gründliche Auslegung der Bibeltexte in allgemeinverständlicher Sprache für den Mitarbeiter in der Gemeinde. Die Bausteine kürzen die Vorbereitung für den Gesprächs- oder Gruppenleiter enorm ab. Das Werk ist vielseitig einsetzbar und eine wesentliche Arbeitshilfe in jeder Mitarbeiterbibliothek.

BRUNNEN VERLAG GIESSEN